ご臨終メディア

森　達也
Mori Tatsuya
森巣　博
Morris Hiroshi

a pilot of wisdom

前口上

「平均的日本人の脚は、絶対に二本未満である」との主張を、私は持っている。

実は、二本の脚を持つ人は、「平均的日本人」から逸脱しているのである。

そりゃそうでしょ。生まれつき脚がない人や、事故で脚を失っちゃった人もいるのだから。

ところが、日本に住む多くの人たちは「平均的日本人の脚は、絶対に二本である」と固く信じているようだ。それゆえ、二本未満の脚の人や、あまりないかもしれないが二本より多くの脚を持つ人は「異常」とされ、少数者に対する排除のメカニズムが作動するのではあるまいか。

森達也さんは、オウム真理教信者の側にカメラを置き、そこから日本の「世間」を照射した『A』『A2』の作品で知られるドキュメンタリー映像作家だ。最近は、月刊誌の連載だけで九本も持っているのだから、文章のほうでも多忙な「兼業作家」である。

それでもまだまだ、日本国内でよりは、海外で高い評価を受けている人だろう。

もしかすると森さんも私と同じように、「平均的日本人の脚は、絶対に二本未満である」との説を持つかもしれない、とその作品に接し私は予感した。じっくりと時間をかけて、討論してみたい人である。

私のその希望はかなえられた。

与えられたテーマは、「日本のマスメディア」だった。目を覆いたくなるような悲惨な「日本のマスメディア」の実情がある。

近隣諸国のナショナリズムに対抗する日本のナショナリズムを構築せよ、と主張する人たちは、よく「北朝鮮や中国のマスメディアは、国家によって統制されているから言論の自由がない」と発言する。まったくその通りであろう。

まったくその通りなのだが、ひるがえって日本のマスメディアを観察すれば、「国家によって統制されてい」ないにもかかわらず、そこには「言論の自由」がないのではなかろうか。なぜなのだろう？

そのテーマを中心として、森さんと一年間の時間幅で、数回にわたり話し合った。東京で三回、キャンベラで一回、シドニーで一回、最後は亜熱帯の地ケアンズで、エメラルドグリーンの水に黄金色に輝くグレート・バリア・リーフの珊瑚礁帯を眺めながら、うんとドライなドライマティーニを手に締めくくった。

凝縮し充実し動揺し昂揚した、かけがえのない時間だった、と私は考える。

森巣　博

目次

写すべきか、助けるべきか―自殺したピュリッツァー賞カメラマン／
意外と普通ですね／
誰がニュースソースを提供しているのか―現場を忘れたジャーナリズム／
なぜ社内の意見が統一される必要があるのか／
大衆はバカであるといった設定―ゲリラの主張を流してはいけない／
プロ野球一リーグ制問題一色のメディア―イラク情勢悪化の最中に／
天皇に会いたい／綿井健陽のドキュメンタリー／戦争報道と映像加工／
一人ひとりが現場で考えなさい

第四章

懲罰機関化するメディア

なぜ手錠にモザイクを入れて、顔を晒すのか／麻原は推定無罪、これは明確です／
倒れたものを叩くジャーナリズム／逮捕は大きく、不起訴は報じず／
不当逮捕への鈍感さ／
反戦ビラで逮捕されるなら、ＮＨＫの受信料集金人はどうなるの？／警察の裏ガネ疑惑／
モザイクの濫用／法律の激変―一九九九年、小渕内閣時代／パナウェーブの好青年たち／
人権弁護士／死刑制度／報復感情／阪神・淡路大震災と地下鉄サリン事件の相乗効果／
少年法改正議論／ヒステリーの政治学／被害者への過剰な感情移入／
「許せない」という言葉

プロローグ　なぜ軸がずれるのか

▼善意を前提に成り立つ社会――「情動」と「論理」の狭間で

森巣　『A』や『放送禁止歌』をはじめとして、森さんの本はすべて読ませていただきました。それで、気がついたことは、私と似ているなと。

森　それは光栄です……って言っていいのかな。なんか微妙な立場なので（笑）。

森巣　その中でも特に似ていると感じた点があります。一つは、世の中が善意によって成り立っているという認識です。

現在の高度資本制社会――言葉は嫌いなんですけど、いわゆる文明社会というものは、明らかに善意を前提として成立しています。

なぜかというと、送電線を切っただけで、私たちの暮らしている都市機能は、麻痺《まひ》する。約束事を無視して、横断歩道をみんなが行ったり来たりするだけで交通機能は麻痺してしまう。あまりいい例ではないですけれど、鉄道も誰かが線路に飛び込めば——それも、もし計画的に三〇分ごとに飛び込めば、機能は完全に麻痺する。つまり、都市機能は、そこに住む者たちの善意がなくなれば簡単に崩壊する。現在の私たちが生きている社会は、みんなの善意を前提として成り立っています。

人々が善意をかなぐり捨て、文明社会に異議申し立てをすると、いったいどういうことが起きるのか。そういったテーマで、「蜂起」というタイトルで「週刊金曜日」に連載小説を書きました（金曜日、二〇〇五年四月、同タイトルで単行本化）。自殺サイトで知り合い、山奥の車中でウインドーに目張りして練炭焚《た》いて死ぬなんて、お前らバカか。死ぬときぐらいは、「世間さまにご迷惑をおかけする」死に方を選べ、と。

国家が持つ大量破壊兵器は、核爆弾や化学兵器かもしれないが、フツーの人たちの大量破壊兵器とは、一〇〇円ショップで買えるもの、ガソリンスタンドで購入できる透明な液体、そして新聞紙と使い捨てライターで充分である。だいたい九・一一の同時多発テロの際、テロリストたちが使用したと推定される大量破壊兵器とは、カッターナイフ数本だけだったのですよ。

ところが、レーガン、サッチャー、中曽根が政権を握った時代からだと思うのですが、善意を利用する、または、私益化するという政策が、恣意《しい》的に採用されました。その一つが、いわゆる民営化です。

たとえば、電電公社の民営化が行われ、NTTの株を買った人たちがいます。私の定義ですと、民営化とは、国民がすでに持っているものを、さらに金を出させて買わせるという政策です。レーガン、サッチャー、中曽根の経済政策の基本にあったのは、利潤の私有化、費用の社会化（Privatilizing profit, Socializing cost）でした。この時期から、為政者の善意が露骨に消えたと考えます。

しかし、それは、それまでも少なかった為政者の側の善意がまったくなくなったということであって、多くの人たちの善意によって、社会は、まだ成り立っている。その善意というものをめぐって話を進めていきたいと思います。

そこで、二人の主張の差異がどの辺りに存在しているのかと考えますと、森さんは、最終的には情動だということをおっしゃっている。私は、情というのは、いろんな条件づけによって変わりうるものであり、最終的には論理ではないかと考えている。

結局、社会をまがりなりにも持ちこたえさせているのは、論理じゃなかろうか。論理がなくなりゃ、なんでもありの世界になって、力の強い者がやり放題の社会となる。まあ、現在、それに近い状態が出現しています。一七世紀のイングランドの思想家が、「万人の万人に対する戦い」と描写した世の中のほうがいいんだ、と主張する連中が主流を占め始めました。いわゆる新自由主義の思想というのは、まったくこれです。

マスメディアやジャーナリズムをめぐって討論していく過程で、社会や民意、為政者や権力の現在の姿も見えてくると信じます。そして、それらに対する情動と論理の在り方が、明確になることを希望します。

▼ジャーナリズムの定義

森巣　ちなみにジャーナリズムの定義は、時事的な事実の報道や論評を伝達する社会的な活動であるということが一つ。

もう一つは、森さんが生きてきたテレビ・メディア――狭義のジャーナリズムなのですが、インフォメーションとエンターテインメントを合わせた、いわゆるインフォーテインメントがあると思います。その両者とも、情報を公共圏に向けて発するものである。そうであるのなら、現実への批判性を失ってしまったら意味をなさない。ところが、ニュース報道においては、客観性を守るといったとんでもない大原則がある。

森　はい。

森巣　しかし、客観報道というのは、実はたいへん政治的なものではないか。主観がない報道というのが一体可能なのかどうか。現状において、客観的といったときには、主流を代弁するものになってしまっていると考えます。ところが、そこいら辺に気づかないで、どんどんどんどん流されているのが、今の状況だと思うのです。

憲法二一条が保障する言論の自由を考えてみると、多数者や権力者の言論や主張の自由を保障する必要はない。なぜかというと、その保障というものが、すでになされているからこそ主流なわけです。言論、報道、表現の自由といった場合、保障されるべきは、異端の、あるいは少数者のものではないかと考えます。

森さんが、そういったメディアの現場にこれまで身を置きながら、『A』と『A2』というすごいドキュメンタリーを制作された。日本の社会的現状を鋭く切り取った作品で、それゆえ、お話を伺いたいと思ったわけです。えらく長くなってしまいましたが、あとをよろしく。

森　え？　あ、はい。……いきなり、丸投げされてしまいましたね（笑）。

▼客観報道とは何か

森　まずは先ほど森巣さんがおっしゃったジャーナリズムの定義について、少しだけ補足させてください。「時事的な事実の報道や論評」との文脈に、「伝達される側にとって価値があると思われる」を加える必要があると思うんです。つまり時事的な事実などこの世界に無限にあるわけで、今朝僕が混雑した山手線で、化粧の濃い気の強そうなキャリア・ウーマンの足を踏んでしまい睨《にら》まれたことは、間違いなく「時事的な事実」だけど、少なくとも伝達される側にとっては、何ら価値などない情報です。

たとえば自衛隊派遣の問題とか、年金改正の問題とか、あるいはカードを使った新手の詐欺が横行しているなどの情報は、誰もが伝えられることに価値を見出す情報です。ところがたとえば、……レッサーパンダが後ろ足だけで立ったとか、元アイドルタレントの誰かが二度目の離婚をしたとか、このレベルになると、情報の価値の判断は簡単ではありません。レッサーパンダなどは、ほんのトピックスのつもりが、予想外に大きな反響があったので雪だるま式に膨れあがったケースだし、元アイドルタレントの離婚についていえば、知らない人にはまったく価値がないけれど、ファンにとっては金を払ってでも知りたい情報です。

時事的な事実が内包する価値のボーダーライン領域における情報について、伝えるに足るかどうかの判断は、とても非論理的な基準で行われます。つまり情報の質を最終的に判断するのは客観的な論理ではなく、主観的な情動なのです。

もちろん供出する側のこれまでの経験則や事態への予測なども判断の重要な因子ではあるけれど、優先順位が高いのは、マーケットの感覚と、あとは、集団心理のような、情動の雪崩《なだれ》現象ですね。だからこそ、狭義の意味の報道だけに限定せず、表現領域、あるいはコミュニケーション全般について、すべては主観によって見出され、構築され、そして表出されることに、メディア従事者はもっと自覚的であるべきだと僕は考えています。

ところがメディア従事者は、客観、中立、公正という価値が至上のものであるとの意識からどうしても抜け出せない。抜け出せないどころか、最近の傾向では、アプリオリに与えられたものであるとの思い込みに固着しています。

客観や中立であることの判断は、自分の立ち位置の正確な測定が必要です。つまり座標ですね。ところがこの座標軸は、無前提で存在するものではありません。誰かがこの座標軸を設定せねばならない。では、その誰かとは誰か？　メディアの神でもいるのでしょうか？

要するに座標軸を設定する行為そのものが、すでに主観を基軸にしているわけです。つまり客観的な中立や公正を測定するためには、主観に依拠せざるを得ないというパラドックスに陥ります。まずはこの当たり前の現実を、メディアに帰属する人たちはもっと自覚すべきだと僕は考えます。

なぜならば自らが中立公正だとの思い込みは、絶対的な正義に短絡する場合が多いのです。同時に、恣意的に設定された座標軸への懐疑を失うことで、時の為政者や権力、あるいは暴走する民意に、抗《あらが》う力も失ってしまいます。流行の言葉にすれば、「俗情への結託」です。これの何が危険なのかは、日本の近代史を斜め読みするだけで充分に感知できるはずです。

▼両論併記という落とし穴

森　ただし僕は、ジャーナリズムについて言えば、客観や中立性を標榜する姿勢そのものは否定しません。できるかぎりは客観的に、中立公正であろうとするそのベクトルは必要です。

でも同時に、繰り返しになりますが、そもそもは主観なのだとの自覚は大切なんです。つまり絶対的な中立や公正には絶対に到達できないとの前提を踏まえたうえで、できるかぎりは目指す。だから言い換えれば、後ろめたさや引け目などの、そんなネガティブな心情的要素が、もっと付随すべきジャンルなんです。ところがこの後ろめたさが、メディア全般から急速に消えています。

中立公正を体現しているとメディアが思い込む典型的な手法は、新聞社の新入社員が最初に鉄則として教えられる両論併記です。新聞だけじゃなくてテレビでも、Aの意見を紹介する場合は、その対論であるBの意見も平等に入れなさいと、プロデューサーはよく口走ります。同じ秒数だけ入れろと、試写の際に秒数を計っていたプロデューサーがいました。いずれにせよ両論併記は、メディアの中立性を最大限に担保する手法だと誰もが思っている。

森巣　「朝日新聞」がよくやるパターンですね。それから、最初にはっきりさせておいたほうがいいと思いますが、ここで「メディア」といった場合、それはテレビ・ラジオ・新聞を主とした「マスメディア」のことです。広義のメディアム＝媒体の意味ではありません。

森　その前提は重要ですよね。話を両論併記に戻します。このAという意見に対して、対論はBであると決めるのは誰でしょう？　裁判などで争う当事者同士なら簡単ですが、世の中のすべてが訴訟がらみであるはずはない。これもまた座標の設定ですね。Aの対論はBかもしれないけれど、でもCかもしれないしDかもしれない。誰かがこれを決めなくてはならない。そもそもが提示する順番によって、正確な併記など成り立たない。Aの次にBを紹介すれば、Bのほうが印象は強いんです。秒数や文字数を等しくすれば併記になるなど、表現行為の素人以下の発想です。

繰り返しになりますが、メディアは絶対に主観から逃れられない。その環境設定をもっと自覚すべきなんです。その欺瞞《ぎまん》性や曖昧性を肌で感じながら、その中であがき続けなければいけないのに、そのあがき続けるという意識が、今すごく希薄になっています。僕が今のメディアに対して感じる一番の危惧は、まさしくこの部分にまずは集約されます。

▼主語のない「情」の暴走

森　で、ここでさっそく、僕と森巣さんとの対立構造に入っちゃうけれど、報道や伝達の本質である「情動」を隠蔽《いんぺい》しようとするから無理が生じるわけで、事件や事象に対して、取材の蓄積や分析や考察を触媒としながら、自分が抱《いだ》いた感情を、伝える側はもっと解放すべしと僕は考えています。ただしその際には、匿名ではなく顕名で報道することも重要です。匿名の主観報道などありえない。あえて挑発的に断定しますけれど、これが実現できればメディアは少し変わるであろうというのが、僕の意見です。

森巣　それはあるかもしれないですけど、メディアで何が嫌かというと、お涙頂戴ものに傾斜するところなんです。もう一つ、被害者がかわいそうの大合唱。

森　ああそうか。森巣さんが言う情は、その意味での情ですね。なるほど。でもそれは、報道する主体が抱く「情」ではないんです。記者やディレクターなど一人ひとりが、現場で取材を重ね、経験則や考察によって起動させた情とは別ものです。

「ご遺族の心情は……」式の報道は、言ってみればマニュアルだし、何よりもそんな報道で発露される情は、主体的な情ではありません。読者や視聴者という顔のないマスが抱くであろうと、伝える側が仮想する情なんです。

森巣　想像の情。そして、主語のない情。

森　はい。主語のない情など、そもそもは論理矛盾だし、とてつもなくグロテスクな存在です。その類《たぐい》の情が全面的に展開する状況については、僕も森巣さんと同様、認める気はまったくありません。この表層的な情が流通し、それがマジョリティとなる状況は、要するに集団ヒステリーと言い換えることができます。メディアの重要な使命の一つは、この危険な状況への制御のはずなのに、でも現況のマスメディア構造では、制御どころかむしろ潤滑油になってしまっています。

　たとえばオウム報道の際も、現場にいるメディアのほとんどは、残された信者たちが、とりあえずは人畜無害な集団だってことは知っていました。これは感覚です。でもその感覚は表出しない。その代わり、オウムは危険な殺人集団であるとの国民的合意を得た主語のない「情」には、絶対に抗わない。あるいは抗えないと思い込んでいる。まあ、残された信者が人畜無害な存在であることと、オウムが安全であることは、実は等号関係ではないのですが。

森巣　どうしてメディアは、障害を持っている人が、努力によって障害を克服して、健常者と同じように頑張りましたというストーリーが大好きなんですか。

森　その答えは単純です。読者や視聴者などのマーケットが、そのレベルの美談を求めているからです。要するに市場原理、大げさに言えばダーウィニズムです。他には、視聴者からの抗議の問題もありますね。それと企業イメージを気にするスポンサー。大きくはこの三つでしょうね。

森巣　健常者と同じ能力になりましたということほど、障害者をバカにした物語はない。

森　多くの障害者が、そんな美談仕立てに対して拒否感を表明しています。でも彼らはあくまでもマイノリティですから。視聴者というマーケットは、お涙頂戴で感動したい健常者で構成されているわけです。

小人プロレスラーたちを被写体にした『ミゼットプロレス伝説』を企画したときも、どうしてメディアはいつも自分たちを、清く正しく的な描き方しかしないのかと、多くの障害者たちに言われました。これも答えは同様で、この描き方が多くの視聴者に支持されるからです。自分たちよりも身体的には明らかに劣位にいる人が頑張っているという構図が、視聴者や読者にとっては、気持ちがいいんでしょうね。

森巣　それこそがまさに差別の深層なのですよね。

森　でも受容する側はそれに気づかない。自分の善意に酔っています。かつて小人レスラーたちがドリフターズの『8時だヨ！　全員集合』にレギュラー出演したとき、「どうしてあんなかわいそうな人たちをテレビ画面に晒《さら》すんだ？」との善意あふれる抗議が殺到して、ＴＢＳは小人レスラーたちとの契約をキャンセルし、彼らは仕事を失いました。視界に入らないところで頑張れということでしょうか。相当に倒錯しているけれど、善意に酔うとそれがわからなくなる。

森巣　障害者ですら、で、き、る、んだ。だからお前らももっと頑張れと。気持ち悪くなる。

▼ずれていく右翼左翼の座標軸

森巣　私みたいに海外在住で、たまに日本に来て、日本の新聞を読みテレビを見ると、座標軸の移動が衝撃性をもってわかります。

たとえば、新しい歴史教科書か、靖国問題のときだったと思うのですが、「朝日新聞」では、坂本義和が左側で、真ん中が橋爪大三郎。右が、「新しい歴史教科書をつくる会」の副会長をやっている、神道学の高森明勅《あきのり》でした。彼らの意見で紙面が作られていた。

私が日本に住んでいたころ、坂本義和は、真ん中の人でした。それに対して左がいて、右がいてという具合の紙面作りでした。もう、どんどん座標軸というものがずれている。神道学は右とか左の範疇《はんちゅう》に入るものではない。簡単に言うと、神がかりのものですからね。それが「朝日新聞」に大きく意見を書くというのは、ほんの少し過去に遡《さかのぼ》っただけでも、ちょっと考えられない。

座標軸がずれていく原因に、情の問題が関与しているのではなかろうか、と私は疑います。

これについてはのちに、じっくりと議論をしていきたい。さらに当たり前の話ですが、座標軸というものは、主流の反映です。その主流というものを、誰が決めていくかというと、渡邉恒雄みたいな人です。そうしたら、これはとめどがないじゃないですか（笑）。小林よしのりが真ん中にくる社会が、いずれやってくるかもしれない。北朝鮮の拉致被害者にかかわる報道なんて、その程度に成り下がりました。いずれじゃなくて、現実の問題ですね。

森さんは、メディアにいる人が、とりたてて志が低いわけではないんだと書かれていますが、私はこう思うのです。確かにメディアに行く人の志が低いわけではなかった。しかし、メディアに長くいると志が低くなっちゃう。

森　それは否定しません。志が低くなるというか、麻痺しちゃうんですね。

森巣　そこで、メディア関係者の志を低くしてしまうシステムの実態を、分析してみる必要があると思います。

第一章　報道番組の悲惨な現場

▼報道番組の制作の実態

森巣　今、制作現場に、ほとんど社員はいないわけでしょう。

森　テレビはそうですね。ほとんどというのは極端だけど……。

森巣　下請け会社が番組を制作する。

森　テレビ局の場合、放送される番組のうち、たぶん七割ぐらいは、外部発注です。ただし報道系の番組は、自社による制作、つまり局制作が比較的多い。ところが、純然たる局制作の報道番組のスタッフ構成も、半分近くは外部からの出向、派遣社員、もしくは、フリーの人間です。だから局の社員で実際に制作に携わっている人は、相当に少ないと思ったほうがいい。

森巣　正社員は何をしているんですか。

森　総務とか営業、経理などは社員の割合が高いでしょうね。制作現場についても、やっぱり社員は、一応偉いところにいる場合が多いですね。プロデューサーだったり、記者だったり。外部からの派遣社員も局員も、始まりは同じＡＤ（アシスタント・ディレクター）だとしても、その待遇は天と地ほどに違います。

僕も、テレビの仕事に就く前、いろいろな業界で、たとえば印刷業界でも働いたりしましたから、出版社と印刷会社の関係のような、ある種の川上川下の構造というのを一応知ってはいたけれど、テレビの世界には驚きました。この差は圧倒的です。仕事の内容は同じなんです。ところが待遇は、びっくりするぐらい違います。

森巣　収入もまるで違うでしょう。

森　全然違います。まあ制作会社の待遇が劣悪であることも確かだけど、局のほうが優良企業になりすぎたんだと僕は思います。とにかく給料は洒落《しゃれ》にならないくらいにいい。

森巣　あと、いろいろ言っちゃいけない点まで。だって、よくあるじゃないですか、どこどこのプロデューサーが何億脱税したとか（笑）。

森　芸能関係には、そういう部分もあるのかもしれません。僕は、その辺りはほとんど接点がないからわからないですけど、歌番組周辺なんかでは、そういった噂をよく聞きますね。

▼大手メディア関係者の給料が高すぎる!

森 今のメディアの劣悪化の要因は、メディアだけが突出してだらしがないと考えるべきなのか、あるいは日本の社会システム自体が、すでに限界にきていて、それがメディアにそのまま反映されていると考えるべきなのか、森巣さんのご意見をお聞きしたいのだけど。

森巣 まさに弁証法的相互作用じゃないですか。森さんがおっしゃるように、必ずしもメディアに行った人間の志が低いのではない。私が言いたいのは、あそこに長くいりゃあ志が低くもなるだろうと。

森 同意見です。社会にも半分要因があり、残り半分はメディアにも責任がある。その原因は何でしょう。

森巣 それはやはり志です。志を保つということ。

森 ならばなぜ、日本のメディア従事者は志を保てないのでしょう。

森巣 まず給料が高すぎる(笑)。連中の給料を三分の一にせよ、という説を私は持っている。

森 フジテレビに同年輩の知人がいて、三年くらい前に会社を辞めて、ベンチャーで会社を立ち上げました。このあいだ、話をする機会があったので、「収入下がったんじゃないの」って聞いたら、「いやあ、もう三分の一近くになっちゃって大変だよ生活が」と。それで、「今の収入は?」と聞いたら、「一〇〇〇万」だって。残業とかいろいろついた金額だろうとは思うけれど、二〇〇〇万円以上はもらっていたわけです。

森巣　ははははは。

森　テレビ局社員の年収は、全上場企業の平均給与の二・五倍だったかな。商社や損保なども比べものにならない。業種としてはぶっちぎりです。確かに、あの収入は異常ですね。

森巣　三〇〇〇万円近くももらっているなら、三分の一にしろという私の説は駄目だな。一〇分の一にせよ。

松尾スズキの説によると、「2ちゃんねる」に憎悪の書き込みをする連中の年収は、三〇〇万円未満だそうです。大手メディアの連中の収入を、このレベルまで下げなければならない。するとテレビが一〇分の一で、朝日・讀賣・日経が六分の一。毎日と產經は、そもそも給与ベースが低いから、四分の一といったところですかね。そうなりゃ、権力の癒着と腐敗は連中にとっても切実な問題となるわけですから、やっと知っていることを書き出しますね。

森　あまりこの話題ばかりにこだわると、貧乏な博奕《ばくち》打ちと自称映像作家が、妬《ねた》みや僻《ひが》みだけで対談しているように思われます（笑）。まあそれも多少はあるけれど。でも政治家なんかもそうなんでしょうけど、やっぱりそれだけ収入が多いと、今の地位や環境を守りたくなっちゃうんですよ。要するに既得権益ですから。

森巣　一回獲得した生活水準を下げるのってつらいことですから。

森　確かに収入がもたらす影響は大きいですね。オーストラリアのメディアは、そういう給与面での特権を持ってはいないですか。

森巣　他の職種と比べれば悪くはないでしょう。ただ、オーストラリアの場合は会社としていいということはありません。基本的に職能給ですね。個人によって、ものすごく開きがありますから。つまり、どういう職種で、どういうポジションで働くかですね。

森　実績で決まるということですか。

森巣　そう、だからすぐ変わるわけです。競争があり、会社として社員すべてがいいということはあり得ないです。

森　ポジションがどんどん変わる、あるいは実績で評価される。つまり、社内的な競争原理が働いている。日本のメディアの場合、新聞でもテレビでも、社内的な競争原理は、確かにあまり働いていないかもしれない。まあ欧米に比べれば、メディア業界に限らずそもそも企業体質が違いますよね。この組織原理が、特にメディアの場合は負に働いています。ＮＨＫが政治圧力に弱い理由も、ここに起因しています。

▼半世紀以上、護送船団方式で守られてきたメディア――ライブドア騒動

森巣　抗議がこないものがいい番組、いい記事なわけです。勝利したときも、誰の栄誉かがよくわからない。日本のシステムのほとんどがそうでしょ？

森　テレビは特に、分業構造が進みすぎました。その帰結として、作家性はとことん排除され

ます。あれだけ分業体制が進むと、作品へのこだわりは場を乱すわがままと見なされてしまう。
森巣　新聞の場合は、責任が特定の誰かに行かないようにする。会議で集まって、何とか委員というのを作って、何とか委員会が決めたことを書く。たとえその記事が批判されたとしても書いた人の責任じゃない。何とか委員会が責任を取るかといったら、そうでもない。「いやあ、あの会議では反対意見も出たんですが……」、そんな感じになって済んじゃう。
森　それは、日本人のメンタリティにどこか根ざしているんでしょうか。
森巣　日本には、昔から続く護送船団方式というのがあるけど、それと同じようなところがあるのではないですか。みんなで渡れば怖くない（笑）。
森　例のライブドア騒動で、自民党の守旧派政治家たちが、口を揃えて堀江社長を拝金主義の権化であるかのように批判したとき、僕も護送船団方式という言葉を思いだしました。
　バブルが弾《はじ》けて銀行やゼネコンの不良債権が問題になったとき、政治家たちが必死に銀行やゼネコンを守ろうとしていたその構造を、メディアは揶揄《やゆ》をこめて護送船団方式という言葉を使いました。ところがライブドアという外敵にメディアが初めて遭遇したとき、その当のメディアが、実は護送船団方式で守られていることが露呈されたんです。
　電波法と放送法、そして電波監理委員会の設置法が制定されたのは一九五〇年です。ところが占領軍が引き揚げた一九五二年、政府は国家からは独立した機関として保障されていた電波監理委員会をあっさりと廃止して、放送業界は郵政省の管理下に置かれ、この護送船団方式が確立されました。だからこそこの半世紀、放送業界では倒産もないし、M＆Aや合併もないんです。政府からは独立したFCC（連邦通信委員会）が放送業界を管理するアメリカでは、メディア王と呼称されるテッド・ターナーやルパート・マードックを引き合いに出すまでもなく、市場原理に晒された放送局の買収やM＆Aはよくある光景です。

外資系企業からメディアを守らねばならないとテレビで発言した自民党政治家がいました。グローバリゼーション、新自由主義の掛け声のもと、あらゆる業界が外資との生存競争に晒されているのに、なぜメディアだけが、手厚く国家から守られねばならないのか不思議です。

森巣 手をつないでいりゃあ、責任を取る必要がない。もし失敗しても、みんなで失敗したわけですから、その責任は不問に付される（笑）。

森 失敗をうやむやにするシステムは、確かにあります。ところが逆に、失敗を過剰に取り上げる場合もあります。まあコインの裏表みたいなものなのだろうけれど、こうなると自縄自縛するばかりですね。それも無自覚に。

▼森達也とテレビ業界の出会い――九龍城の原体験

森巣 森さんは、テレビ業界から、自分で出た、それとも、いつの間にか押し出されたという感覚ですか。

森 半々ですね。そのときは、押し出されたような気がしていましたけど、今になって振り返ると、やはり自分の中で選択していた要素もありますね。
森巣　テレビにかかわられたのは、いつごろからですか。
森　三〇歳からです。大学卒業してからも芝居を続けていて、二〇代は今で言えばフリーターです。ところが、二九歳で結婚と妻の妊娠が重なって、とにかく就職しなくちゃと焦って、不動産会社に就職したんです。バブル真っ盛りのころの不動産会社ですから、景気はよかったです。不動産会社じゃなくて、当時はディベロッパーという呼称でしたね。
森巣　都市開発ですね。
森　でも、本質はもう……。
森巣　簡単に言えば地上げ屋（笑）。
森　そうです。地上げで急成長した会社ですから、役員なんて半分近くは、歌舞伎町で徒党を組んでいるほうが似合いそうな人ばかり。
森巣　ははは。そのディベロッパーにはどのくらいいたのですか。
森　一年と少しです。営業部なんて毎朝、「目標何とか！」とかみんなで大声あげていて、これを一生やるのかなと思ったらさすがに……。
森巣　本当にやったの（笑）。社訓斉唱なんかしたのですね。
森　社訓を読み上げて、その後、みんなで一斉に、「今日の売り上げ目標何とか！」「オー！」って（笑）。国歌斉唱を強制されることに対して僕がアレルギーを持つ理由は、思想じゃなくてあの体験があったからかもしれない。

テレビ局ほどではないですけど、給料はよかった。ゴルフ場開発の宣伝なんかもやらされたのだけど、ゴルフってまったく興味がないし。何よりもやっぱり、二〇代はずっと映画や芝居にかかわってきて、その未練を自分はどうしても払拭できそうもないと気づき始めて、それで番組制作会社の募集広告を新聞で見つけて、応募しました。テレビ・ドラマを作るつもりだったんです。

でも入社してから知ったんですけど、制作会社って得意なジャンルの色分けがあって、僕が入社したテレコム・ジャパンは、ドキュメンタリー番組を専門にしている会社だった。ドキュメンタリーには興味がないけど、今さら後には引けない。とりあえずやってみようと始めてみたら、予想以上に面白かったんです。

入社したその週に、いきなり海外ロケです。他愛のない情報番組で、タレントがいて、バンコクや香港に行って、その飲み食いを撮るといった番組です。それまで、ずっと貧乏でしたから、海外は初めてでした。撮影のノウハウや基礎知識もないままで、初めてADについたんです。海老名香葉子さんと、娘さんのみどりさんがレポーターでした。その現場で、世界で最も凶悪なエリアと呼ばれた九龍城《カオルン》が当時はまだあって、香葉子さんが中に入ってしまったんです。

森巣　カメラもついて入ったわけ?

森　そのつもりは全然なかったんです。香葉子さんと九龍城の遠景を撮るだけで終わるつもりが、急に香葉子さんが中に入ってしまって、コーディネーターは命の保証はできませんと青ざめている。香港マフィアや大陸から逃げてきた犯罪者たちの巣窟で、ほとんどのガイドブックに「絶対中に入ってはいけません」と書いてあった時代です。とにかく救出に行くしかないということで、撮影機材を抱えて中へ入りました。

ところが、いざ九龍城に入ってみると、ごく普通の居住空間です。彼女は、どこかの家でニコニコしながらお茶にお呼ばれしていて、結局、みんなでお茶を飲んだ。突発的なハプニングですが、でもドキュメンタリーの現場性によって引き起こされた事態でもあるわけで、つくづく面白い仕事だなって思ったんです。同時にそのとき、多数派によって危険だとか怖いとか喧《けん》伝《でん》されている場所や人が、意外とそうでもないことを肌身で知った。この体験も大きいです。

森巣　多くの場合、そういう場所のほうが、私なんか気が安らぐのですがね。むしろドブネズミ色のスーツを着ているヤカラがたむろしている場所のほうが怖い。それで九龍城内部の映像は撮ったのですか。

森　撮りませんでした。

森巣　回さなかったのですか。残念ですね。撮ってもそれを放送しないのではないですかね。ああいうところに入ったら殺されるよ、身包《みぐる》みはがされるよ、そういう想像の障壁を売っているのが、まさにメディアなのですから。

森　そういうメカニズムはあります。しかし九龍城ぐらいなら、スクープ映像ですって平気でやってしまうと思います。そのときは、これは死ぬか生きるかの状況だという思いにとらわれて、カメラを回すという発想が、消えていました。ところが、いざ入ってみたら全然そんなことはない。平和な風景があった。それが、僕の原体験です。不安や恐怖って、媒介が多くなればなるほど増幅する。この媒介が、まさしく自分が棲息《せいそく》しているメディアなのだと、そのときに思ったかどうかは疑わしいけれど。

▼減少するドキュメンタリーの番組枠

森　でも皮肉なことに、僕がテレビで仕事を始めるころから、ドキュメンタリーの番組枠は急速に減り始めていましたね。日立やニッセイが提供する海外紀行番組なども、かつてはゴールデンタイムで普通にオンエアされていたのに、どんどん消えていった。要するに数字がこない、視聴率がとれないんです。だからドキュメンタリーだけじゃ食えなくなってきた。で、どうなったかというと、情報系ドキュメンタリー番組の隆盛です。日本テレビの『スーパーテレビ』とか、TBSの『そこが知りたい』、フジテレビの『今夜は！　好奇心』などが、この時代の代表格かな。これなら数字もそこそこくるんです。

同時にこのころ、ドキュメンタリーから報道に流れていったプロダクションや人も多い。僕もそうでした。テレビって、ドキュメンタリーと報道は、ジャンルとしては結構セットで考える人が多いんです。「何やってんの、ドキュメンタリー？　ならば報道もできるね」みたいな具合に。だから報道番組にかかわるようになりました。

テレコム・ジャパンは二年ほどで辞めました。その後はフリーでやったり、知り合いのプロダクションの契約ディレクターをやったりという感じで、なかなか自分の企画が通らないので、TBSの早朝の子供番組をやっていた時期もありますよ。でも基本は、ドキュメンタリーと報道でした。当時の僕は、何の疑問もなく、この二つの仕事を並行してこなしていたけれど、四、五年たったころ、だんだん自分の中で違和感が生じてきました。

▼「報道」と「ドキュメンタリー」の差異

森　先ほども言ったように、報道は客観性や中立性を、達成できないことは自覚しつつ、標榜するジャンルだと僕は思っています。でもドキュメンタリーは逆で、主観を最大限に表出するジャンルなんです。

入口は確かに近いけれど、出口は真逆。だからプロデューサーへのプレビュー（試写）の際に、「客観性が足りない」とか「主観が滲《にじ》みすぎてる」とか指摘されて、首を傾《かし》げながら再編集やっていましたね。反駁《はんばく》したいけれど、その語彙《ごい》を持っていなかった。そんなことを繰り返しているうちに、矛盾が自分の中で、どんどん大きくなってきた。

子供番組ほどに違えばまだ割り切れるのだけど、近いだけに摩擦が大きい。フリーのテレビ・ディレクターって、ジャンルの選《え》り好みができないんです。大御所は別だろうけれど、僕なんか本当にチンピラでしたから。いってみればトライアスロン。でもそうなると、当然ながら一つひとつの競技の記録は下がるわけです。局にはいますよ。生涯ドキュメンタリーとか報道とかバラエティとか。首尾一貫できる人が羨《うらや》ましかった。苦しかったです。もう転業しようかとも考えていた。

　そんなときにオウムの事件が起きた。一九九五年です。

森巣　森さんの言葉でドキュメンタリーを定義すると、探り当てた人や事象などの基材をメタファーにして、撮影者自らの世界観を構築して提示するということですね。

森　公益性、公共性を謳《うた》うのではなく、自らの世界観です。あくまでも主語は複数ではなく一人称単数。個的な思いや主観を表出するのが、僕の定義するドキュメンタリーです。

　でも当時は、そんな確信はなかった。『A』を撮り始めたとき、僕は共同テレビジョンという業界大手の制作プロダクションと契約していました。『A』を作る過程で、結果的に上層部から追われて、一人になって初めて、ドキュメンタリーは一から一〇まで主観であり、客観性や中立性が介在する隙間など、どこにもないと確信を持ちました。確かに、外圧的にテレビ業界から追われたわけですけど、内圧的にもどこかで、業界の一員としてドキュメンタリーを撮り続けることに、もううんざりしていたというニュアンスはあったと思います。

森巣　お子さんがいらっしゃったでしょう。そうすると、やはり生活ということを考えませんでしたか。

森　……考えなかったといえば嘘になりますね。契約解除を宣告されたときにちょうど、妻のおなかに三人目がいて、もう生まれる直前でした。まあでも、僕がつらそうに仕事をしていることを彼女も気にしていたようで、いざというときは、私が働けばいいからと言ってくれた。だから、若い映像作家たちの会かなんかに呼ばれて、どうやったら森さんのように映画を作れますかと聞かれたとき、看護師とか教師とか、とにかく資格を持つ女性と結婚しなさいって答えています（笑）。

森巣　私もそれを狙ったんですよ（笑）。

森　大学教授ならベストです（笑）。いずれにしても、九龍城の体験が、僕にとってのコアになった可能性はありますね。みんなが怖がっている人や地域って、実際に触れたり話したりしたら、それほど危険じゃない場合が多い。——もちろん一〇〇％ではないですよ。本当に危険な場合もあるけれど、幻想が肥大したり過剰に喧伝されているケースがとても多い。だからオウムについても、怖くなかったのか？　との質問をよくされるのだけど、少なくとも怖さは全然なかったです。

森巣　「洗脳されなかったですか」とは聞かれない？（笑）

森　そういえば何度かあります。不思議な質問ですよね。本当に洗脳された人は洗脳されましたって答えないと思うのだけど。

あの事件をきっかけに、洗脳とかマインド・コントロールなどの語彙が、急激に消費されました。文化や習俗全般は、ある意味で洗脳です。でもその視点は消失して、異物や異界を定義するときに、とてもコンビニエントな語彙になってしまった。

森巣　誰もが実は「洗脳」されているということが、ちっともわかっていない。教育というのは「洗脳」です。メディアも本質は「洗脳」なのに。

▼テレビでは作家性は認められない

森巣　共同テレビジョンに行く前、テレコム・ジャパンを辞めたわけですね。

森　先ほど触れた、小人プロレスのドキュメンタリーを作ろうとしたのが発端なんです。テレコム・ジャパンの社内システムとしては、テレコム社内のプロデューサーの合意をとりつけないと、テレビ局にプレゼンテーションができないんです。ところが、テレコムのプロデューサーからは、こんな企画は通るはずがない、小人をテレビに出せるはずがないってことで却下された。ならば自分がプロデューサーになればいい。テレコムの中でできないのなら、辞めてプロデューサー森達也の名刺を作ればいい。もちろんそれだけではないんですが、そう考えたところが大きかった。

森巣　一般の視聴者にはよくわからないのですが、権力関係で、プロデューサーとディレクターというのはどちらが上位なのですか。

森　テレビの世界においては、対外的な権限のほとんどは、プロデューサーにあると言っていいでしょうね。

森巣　それでも、作品というのはディレクターのものでしょう。

森　いいえ。テレビの場合は、ディレクターの著作権など一％もありません。プロデューサーにもありません。たとえばテレビ作品である『放送禁止歌』についていえば、法的な僕の権利は一％もありません。半分は局、半分は制作会社。個を認めていないという見方もできるし、作家性がテレビにおいてはまったく評価されていないことの表れでもありますね。主体はあくまでも組織なんです。個を殺すという点では、新聞ももちろんその側面はあるけれど、テレビは新聞以上です。

森巣　それは驚きですね。

森　だから、もし仮に『放送禁止歌』が今後、何度再放送されようが、その舞台がテレビであるかぎり僕には……。

森巣　一銭も入らない（笑）。

▼企画の発想法

森巣　森さんの場合、企画については、どういうふうに発想されるのですか。

森　劇的なお答えができなくて申し訳ないのだけど、まずは職業意識です。面白いドキュメンタリーになるんじゃないかという単純な職業的直感です。ただ、小人プロレスが好例だけど、周りが認めてくれないケースが多かったので、僕は企画を抱え続ける頻度が多かったかもしれない。『放送禁止歌』も『職業欄はエスパー』も、僕の企画は全部そうですね。まずは否定されるんです。できるわけがないって。だからよく、こだわりが強いって言われますけど、そうでもしないと、仕事にならないですからね。でもドキュメンタリーのディレクターなら、こだわって抱え続けている企画の二つや三つは、誰だってあると思います。

森巣　もちろんピンからキリまであると思いますが、たとえば、『放送禁止歌』のような番組の制作費用はどれくらいなのでしょう?

森　局から制作会社に支払われた金額は、確か四〇〇〇万円くらいだったかな。

森巣　それで作れちゃうのですね。

森　たぶん、実際の制作費は三〇〇〇万円以下だと思いますが、五〇〇万から一〇〇〇万くらいは利潤にしないと、制作会社もやっていけないですよね。単発の企画ですから。

森巣　三〇〇〇万以下で作っちゃう。私の一晩の賭博資金以下です(笑)。

森　あのときは、その直前に作った深夜ドキュメンタリー『職業欄はエスパー』のバラエティ版を作らないかとの話が局からあって、そっちも予算がぎりぎりだったので、ならばもう一本、低予算の深夜ドキュメンタリーを一本加えて、グロスで何とかならないかとの話になった。そこで制作会社のプロデューサーから、「安くできる企画はないか」と相談されたから、「『放送禁止歌』どうですか」と、ここぞとばかりに企画を通したんです。「それ幾《いく》らでできる」、「海外ロケもないし、半分近くは歌の紹介ですから、二〇〇万でできます」と。「それじゃあそれでやろう」ということで、それがなかったら通らなかったかもしれない。低予算で作れるというところで、やっと陽の目を見た企画です。

森巣　だけど、時間の試練に耐えて残るのは、もちろん『放送禁止歌』です。

森　まあ、それはそうですね。カップリングの超能力者のバラエティのほうも演出して、いろいろ試行錯誤してね、自分としては楽しみましたけれど。

森巣　『職業欄はエスパー』はどんな経緯なんですか。

森　――そのときはまだきちんと言語化されていなかったんですけど、超能力は真実かトリックか式の二元論に対して、僕の中で曖昧な拒絶感があったんですよね。二項対立ではないグレイな領域を映像化できないかなと考えて……。まあでも発端は、宇宙人とか、未確認飛行物体とか心霊現象とか、そんなオカルトがそもそも好きだったところから始まっています。

森巣　今まで森さんがかかわられてきたドキュメント映像の世界は、単純な善悪とか二元構造に対して、本当にそうなのかという素朴な疑問を発します。「二者択一ではない。人はそもそも矛盾と曖昧さを抱えた生きものだ。だからこそこの世界は豊かなのだ」という森さんの言葉は美しい。

森　シンポジウムの質疑応答のとき、「あなたは、世界はもっと豊かだし、人はもっと優しいと言っているけれど、だったらなんでこんな殺伐とした世界になったんだ」と質問されたことがあります。「こういう殺伐とした状況だからこそ、優しくて豊かなんですよ」と答えたけれど、わかってもらえなかったようで、お前は甘いと、散々怒られました。

森巣　こういう言い方をすると、私が常々否定している「日本人論」みたいになってしまうのですが、あえて言います。どうやら、多くの日本人たちは素朴な疑問を発せられなくなっているのではなかろうか。すなわち、無知である。これは、一九六〇年代〜七〇年代の植民地解放闘争の大きな理論的支柱となったフランツ・ファノンの指摘ですね。無知というのは、知識がないことじゃない。そんなことを言えば、人は誰でも皆、ほとんどの局面では無知なのですから。そうじゃなくて、無知とは、疑問を発せられない状態を指す。森さんが言う、「思考停止」の状態ですね。

森　確かに。最近気になる傾向として、ある前提からいきなり議論が始まっちゃうことが多いんです。たとえば「国益に鑑《かんが》みて云々」とか。国益って何？　という突き詰めが抜け落ちている。小泉首相の靖国参拝もそうですね。中国の抗議を云々する前に、公人として参拝するならば、明確な憲法違反です。少し前なら、まずはその論議があったのに、憲法の文脈はいつの間にか消えてしまっている。こうして座標軸は少しずつ、でも気がついたときには、はるか彼方に移動しているんです。

▼視聴率でニュースを選ぶ――有事法制では数字がこない

森　数年前、テレビ、新聞、雑誌も含めて二〇人ぐらいのメディア関係者が集まって、いろいろな問題について話し合う勉強会に参加したことがありました。有事法制で大騒ぎしていたころですが、日本テレビのニュースで、その問題を取り上げなかった日があって。その勉強会に、日本テレビの報道局の記者も来ていたので、なぜ取り上げないのかと質問したら……。

森巣　「讀賣新聞」の主張と相容れないから。

森　いいえ（笑）、もっと単純です。彼は、「だって数字こないんですよ」と答えたんです。このときは、みんな呆然としましたね。

森巣　数字こない？　ああ、視聴率。

森　じゃあ日本テレビはニュース項目を数字で決めているの？　と誰かが聞いたら、当たり前でしょうと言われてしまって、全員もう一度呆然としていましたね。たまたまこのときは日本テレビだったけれど、まあ民放各局、事情は同じようなものでしょう。今は視聴率が、翌日には一分単位で番組放送中の推移までわかりますからね。昨日のニュースの中で、これは数字がきて、これはこないとか……。

森巣　だけど、ニュース番組というのは、別に内容を見てからチャンネルを合わせるわけではないでしょう。

森　最近の視聴者は、ニュースを見ながら、これつまんないと思うと、さっさとチャンネルを変えてしまうんです。

森巣　そうですか。

森　たとえば長崎女児殺害事件のニュースは見るけれど、パレスチナ情勢のニュースになったらチャンネルを変えて、他局のニュースでタマちゃんの一日を眺めるとかね、たぶんそういう人は多いと思う。リモコンの普及で視聴習慣が明らかに変わりましたから。

森巣　日本社会をよくするためには、テレビのチャンネルを、リモコンから、テレビのほうに歩いていって変える昔みたいなのにしないとダメですね（笑）。それからもう一つ。書店は本にカヴァーをかけるな、と。あれで、電車の中で、小林よしのりの本が読めるようになってしまった（笑）。

森　難しい問題は、この姿勢を一概に否定できないことです。ニュースは視聴者が知りたいことを優先すると定義すれば、視聴率でニュースの項目を決めることは、正当なんです。でもその結果、タマちゃんがパレスチナ情勢より重要なニュースとなってしまうわけで、報道機関としてのテレビの悩ましいところですね。

森巣　しかし、そこで国民が何を知りたいかという、最初の選択を、メディアが勝手に与えてしまっている。

森　その問題は、確かにあります。視聴率で判断するといっても、オンエアされたものからしか視聴者は判断できないわけで、主体的な選択の前に他律的な選択が既に為されているわけですね。こうなると、そもそも報道の領域とは何かというところから、考えねばならなくなる。

森巣　それでは、メディアが想像する視聴者が見たいこと聴きたいことであろう報道ばかりになってしまう。つまり、言われたいことを言うメディアになる。そうなると結局、日本のお父ちゃんたちはよく頑張った、よく闘ったという『プロジェクトX』みたいなものばかりになる。自慰メディアです。

森　耳に心地よい癒《いや》し系、もしくは悪いやつをやっつけました式のカタルシスとか、そんな報道ばかりになってしまいます。現になっていますが。

森巣　それは報道ではない。知る権利から、非常に離れたところにあるものだと思います。

森　事実を伝えるということは大前提にあるとして、その事実を誰が選択するのか。

森巣　何が事実かというのも、また難しい問題ですけれど。

森　その通りです。事実などと安易に口にすべきじゃない、などといつも言っているのに、今つい、口にしてしまいました。でも今後の議論を深めるために、あえて事実の内実や定義は留保して、もう少し話を続けます。

要するに事実の取捨選択は、メディア側がしなければいけない。僕が満員電車の中でOLに足を踏まれたってニュースにはならない。あるいは、今日ここで森巣と森が、対談の途中に揃いの短パン姿で写真を撮りました。興が乗ったのか、どちらからともなく短パンを脱いでトランクスとブリーフ姿になりました。事実は事実ですけど、こんなのニュースにも何にもならない。しかし、まず、その取捨選択を、誰がするのかということがある。

視聴者や読者は、その選択をメディアに一任するしかない。そして、その第一次の選択行為が多様であってこそ、初めて第二次の取捨選択ができることになる。そこからやっと、森と森巣がパンツになっても、俺たちには興味も関心もないと言える状況が成立する。

それはニュースの本質でもあるんです。公益性は破片《かけら》もないけれど（笑）。三菱自動車で不祥事があったとき、毎日のように日本各地で三菱の車が炎上したとの報道が続きました。なぜこれほど急激に事態が進展するのかと、不思議に思った人は少なくないと思います。要するに、これまでも頻繁にこの手のトラブルはあったけれど、報道されてこなかったということなんです。三菱の不祥事という前提となる事件が起動した瞬間に、事象に報道価値が付随する。

あるいはＪＲ西日本が脱線事故を起こしてからは、なぜかＪＲ西日本の不祥事や、オーバーランなどの報道が相次いだ。事件を境に不祥事や事故が増えたからではなく、それまでは報道価値を持たなかったことが、読者や視聴者の関心という大きな価値を持ったからです。

人々が関心を持つことがニュースと定義するのなら、それは仕方がない。でもその帰結として、ならば他のメーカーはどうなのだろう？　とか、日本の鉄道行政そもそものシステムの問題点とか、民営化の弊害などの視点や思考が、三菱は本当にどうしようもないとか、ＪＲ西日本の経営陣を許すなどの悲憤や慷慨《こうがい》で掻《か》き消えてしまう。ならばメディアは社会にとって有益なものを供給するためにあるどころか、社会の深い思考を抑制するために存在することになります。

……難しい問題です。明快な解答やマニュアルなど、存在しないと思う。メディアに帰属する一人ひとりが、一つひとつの事例について、悩みながら、煩悶《はんもん》しながら、決めてゆくしかないとは思うのだけど……。

▼一社しかない視聴率調査会社——日本テレビの視聴率操作問題

森巣　多くの人は、ワイドショーでもどんな番組でもいいのですが、あんな番組はくだらないと思って見ています。しかし、自分だけがそう思っていて、自分以外にその番組を見ている人は、そうは思っていないバカだと考えているのですね。多くの人が、同じように思いながら、アホ番組を見ている。その集積が、視聴率を作っているのだと思います。どこかでその連鎖を切らなくてはいけない。

森　このメカニズムは、ゴミ問題や選挙など、今の社会インフラのあらゆることに繋《つな》がるんです。日本は間接民主主義ですから、その意味では、日本の民主主義は、この「俺は違うけれど多くの人が……」的なメンタリティに支えられている。自分は違うと思っていながら、いつの間にか他の多数派と歩調を合わせてしまい、結果としては、ほとんど全員が、同じ選択をしてしまう。だってくだらないとか低俗だなどと言いながら、教育テレビにチャンネルを合わせる人は、やはり少数派ですからね。

森巣　それが結果として、石原支持の三〇八万票（二〇〇三年四月の都知事選）、八〇％超の小泉支持率になってしまった。

森　くだらないと思いながらも、見ることで視聴率に換算され、結局は適者生存で、くだらないはずの番組ばかりが増えてくる。それでは、視聴率とは、そもそも何なのかという問題になります。

日本テレビの視聴率操作の問題がありました。過去、テレビで仕事をしているころ、オンエア間近になると、本当に徹夜が続くんです。もう眠いし、つらいし、ADに八つ当たりして、「お前、今から視聴率調査のモニターをどうにか調べて、その家に行って工作してこい」って、……もちろん冗談ですけれど、でも一割くらいは本音で言うと、ADも、はーい、わかりましたとか言って、ニヤニヤ笑いながら出ていくんです。まあどこかでタバコを一本吸って帰ってくるんでしょうけれど、こっちもいつまでも冗談やっている余裕はないし。とにかくそんな冗談が出るくらいに、ある意味でテレビ業界人にとっては切実な指標です。

だから現実に起こったときには、本当にやった人間がついに出たかとビックリもしたけれど、でも同時に、そのうち誰かがやるだろうなと思っていたことも事実です。あの事件のときは、実際に工作に加担したのは、日本テレビのプロデューサーの意向を受けた制作会社経営の夫婦でした。テレビ業界のヒエラルキー構造が表れていて、哀しかったです。

視聴率調査会社は、かつては二社ありました。ビデオリサーチとニールセン。アメリカに本社があるニールセンが、日本に進出したのは一九六一年、その翌年に、電通が三分の一を出資して設立されたのがビデオリサーチ。社長は代々電通の天下りです。ところが二〇〇〇年に、民放各局から契約を一方的に解除されたニールセンは、やむなく日本から撤退して、視聴率調査はビデオリサーチの一社独占体制になりました。

一九五五年の森永砒素《ひそ》ミルク中毒事件のとき、電通がクライアントを守ろうと報道を管制しようとした話は有名です。収益の九割以上を企業の広告費からまかなう民放にとっては、広告代理店の存在は、アキレス腱のようなものです。その電通が、間接的とはいえ、テレビの視聴率を調査する会社に強い影響力を持っている。

まあ、まさか数字を操作しているとは思いませんが、でも少なくとも、李下に冠を正さずの精神はまったく働いていない。しかも、ビデオリサーチが視聴率調査を委託しているのは、全国でたったの六六〇〇世帯。どう考えても不合理です。テレビ業界の人は、誰もがそう思っている。でも誰も口に出さない。

森巣　統計調査では、一、二%の誤差というものは、認めなくてはいけないものです。

森　その一%どころか、〇・一%で、一喜一憂するのがテレビです。もしもニュース項目の優先順位を視聴率で決めているのなら、是非はともかくとして、その視聴率に対して業界は、もっとデリケートになるべきです。

日本テレビの視聴率工作の問題が起きたとき、このシステムはおかしいと、やっと言い出した人も出てきたけど、そんなことは業界では誰もがわかっていたことです。今ごろになって言い出すのなら、なぜもっと早く改革しなかったのかと言いたい。百歩譲って、この事件を契機に改めることにするというのならまだしも、あの事件が起きてもう二年近くが過ぎたけれど、すっかり沈静化してしまって、また粛々とビデオリサーチの視聴率にのっとって、延々と視聴率競争を続けている。自分たちの体質の自浄さえ行えないものが、他に対して厳しい態度で臨めるはずがない。結局それが、弱いものに対しては居丈高になれても、権威に対しては追い詰めるどころか質問すらできない、今のメディアの体質と繋がっているんです。

▼権力になめられるメディア——カメラの前の「転び公妨」

森　ニュースも視聴率によって左右されているという話から演繹《えんえき》すれば、もしも誰かがこのシステムを利用しようと思えば、つまり世論を誘導できるということになる。

森巣　すでにもう利用しているのではないですか。まだしていないとは考えられない。

森　視聴率云々以前に、メディアに対して何らかの圧力が働くといったことは、現実にあります。これは断言できる。いくらでも実例を挙げられますよ。だから視聴率工作という危い橋を渡るまでもなく、権力側は、メディアをかなりコントロールしていますね。でも誰かがもしもその気になれば、易々《やすやす》と操作されてしまう脆弱なシステムなんだということを、テレビに携わっている人間は、もっと考えなければいけない。事件が起きたときには大騒ぎになるものの、すぐ沈静化してしまうなどというのでは、お粗末すぎる。

森巣　事件が起きたときに大騒ぎになると言われますが、個人情報保護法のときは、もっと露骨に酷《ひど》かった。適用を、まずテレビであるとか、新聞、雑誌と分けた。その中でも記者クラブに加入しているか、していないか、会社に属しているか、フリーランスかといった線引きをしていく。スキャンダラスな報道ばかりしているものは、規制されても仕方がないんだといった説明をして、雰囲気を傾斜させていく。

これも、「われわれ」と「かれら」です。

ああいうスキャンダル・ジャーナリズムばかりやっている奴らは規制されても仕方がない。われわれのような報道姿勢でやっているものは、守られて当然だという考えです。すなわち、大本営発表を書き写す報道こそが、日本では「正統ジャーナリズム」となっている。規制を除外される側に立った新聞やテレビは、問題視しようともしなかった。そして、プライバシーに配慮するなんていうまるでウソに乗り、マスコミの横暴を許すなといった雰囲気作りに一役かった。自分たちがそれまでに行ってきたことには無自覚で、規制に加担していく。それで、いつの間にか盗聴法なんてものまで出てきて、ハッと気づくと、もう自分たちの足元までが危うくなっている。それでも疑問を発しません。連中は満足しているからです。

小泉訪朝の時でした。日本テレビが、北朝鮮への二五万トンの米の援助決定で調整しているといった報道をしたことが、小泉訪朝の妨害だとか言って、日本テレビの取材陣の政府専用機への同乗を認めないなどと、平気で首相官邸が言い出す。いやしくも民主主義を謳っている国でこんなことを言い出す政府が世界中でありますかね。

森　……独裁国家でも、これほど露骨じゃない。

森巣　それぐらい権力はメディアをなめている。ひいては、国民をなめている。『A』でも、森さんが、ドキュメンタリーを自主制作していると知ったうえで、「転び公妨」（捜査側の人間が自分で転びながら、ターゲットとする人物にやられたと公務執行妨害で逮捕すること）で、オウム信者を不当逮捕した。警察が違法行為をしている映像を撮られることすら気にしていない。

森　あのシーンについては、至近距離でカメラを回している男が、ドキュメンタリー映画を自主制作していると警察は認識していないんです。おそらく僕は、テレビの撮影クルーだと思われたのでしょう。だからこそカメラの前であれほどに露骨な不当逮捕を、警察は臆面もなくやることができた。マージャンに喩《たと》えれば、メディアは安全牌《パイ》なんです。警察にはその自信がありましたね。『A』公開時に、あの程度の不当逮捕くらい何度も見たと、実際にテレビの報道局の人が自慢しているのを聞いたことがありますから。

森巣　事態はそこまで深刻なわけです。つっかえ棒を、あと一本抜いたら、それこそ牛の暴走――スタンピードが始まる、いや、すでに始まっている。

森　穴にちょっとつまずいたとか、バッタが跳ねたといった単純なことで、一頭が走り出す。それを見た他の何頭かがつられて走り出して、それが、あっという間に広がって、集団全体で理由がわからないままに暴走する。この行く末は、オーウェルが『一九八四年』に描いた超管理国家です。

▼NHKの構造

森巣　『一九八四年』の描いた世界像は、国家による管理だったのですね。ところが現在起こりつつある状態は、国家と企業の提携と連帯による管理、すなわち、支配の民営化が行われた。これは、いわゆる「戦争の民営化」とも繋がっていることです。

たとえば、横須賀を母港とする米第七艦隊所属の潜水艦コロラドの全乗組員二六三人の半数以上は、軍人ではありません。軍籍を持たない民間企業からの派遣社員たちで構成されています。その派遣会社はどうやって構成されているかというと、だいたいは官僚が立ち上げた、退役軍人たちが社員のものですね。前にも指摘したように、利潤の私有化、費用の社会化です。それは日本での監視システムの整備のされ方と同様です。国家がシステムの整備に税金を使っているものの、実際の運営は、警察の下請け企業がやっている。民間――日本の場合は非常に簡単で、公益法人、もしくは、天下りの受け皿となる会社を作って、そこでやらせるわけです。

森　イラクで斎藤昭彦さんが武装勢力によって銃撃され、傭兵の存在をめぐってメディアが大騒ぎになったときに、みんな知らなかったの？　って驚きました。兵士のアウトソーシングなど、国際的にはもう当たり前の状況です。除隊した兵士が民間会社に入って外注先になるというこの構造って、NHKに近い。NHKの場合は、OBが制作関連会社や系列の会社に天下って、番組制作を受注しています。

森巣 それは、「国民のものは、国家のもの。国家のものは俺（あるいは私）のもの」とする霞が関システムですね（笑）。

森 やはり官僚体質ですね。そんなところは似なくていいのに。

森巣 今のNHKに、受信料を払わなければいけないという考え自体がおかしいのです。

森 NHKのドキュメンタリー番組の場合、『NHKスペシャル』でも『ETV』でも全部そうなんですけど、ディレクターというクレジットがないんです。民放におけるディレクターに該当するのは「構成」です。僕もかつてNHKの仕事をしたとき、クレジットは構成でした。ディレクターにしてくれと言ったら、あっさり断られました。ADは「取材」です。NHKは、この用語で統一しています。

想像ですけど、その考え方の経路は、ドキュメンタリーは事実の蓄積である。ただし、映像の入れ替えなどの編集作業はしている。ゆえに構成ではあるが、演出ではないということだと思います。でもね、もしも本気でそう考えているのなら、これはドキュメンタリーへのとんでもない勘違いです。

森巣 一つお伺いしますが、NHKのドキュメンタリーでは、誰かが訪ねてくるところを家の中から撮るということはないのですか。

森　中から？　理屈からすると、たぶんないでしょう。

森巣　ないはずですね。論理としてはありえない。すると、ドアが開かれ中が暗くて、それが照明のライトに照らされて、明るくなるわけですね。

森　そうですね。それが当たり前です。

森巣　いつもドキュメンタリーの映像で不思議に思っていたのは、「突然」訪ねてくる人を、家の中から撮っている場面です。

森　昔、『川口浩探検隊』という番組がありました。パロディにした歌もありましたよね。探検隊が洞窟にロープを垂らして決死の覚悟で降りるが、その様子をカメラが下から撮っているとか、よく揶揄されていた番組でしたけど、ドキュメンタリーの極致でもあると思うんです。現場では、ヤラセに限りなく近い演出などいくらでもあります。NHKはそれを絶対に認めない。安易な演出は自重すべきだけど、でもね、観察者の視点にだけとどまるなんて不可能です。その理屈では、絶対撮れないような画《え》もあるはずなのに、演出という言葉を使わない姿勢が、NHKらしいなと思います。

森巣　NHKの場合は、官僚的なシステムを踏襲して、OBが番組制作会社に天下りをするとして、民放の場合はどうなんですか。番組制作は、ほとんど下請けに回すわけですから、その下請けの経営陣というのは、親会社からリストラされた連中が集まっているような状態ですか。

森　意外にそういう構造は、民放にはないですね。テレビのキー局を退職した連中が、どこに行くかというと、地方局が多いんじゃないかな。

森巣　そうですか。

森　まったくいないわけじゃないけれど、系列や子会社は別にして、制作会社には、ほとんど天下らない。だって給与水準が違いすぎますから。

森巣　すると、地方局に勤めていた連中が退職した場合は、どこへ行くのでしょう。

森　地方局の場合は、その地方局の周りにある制作会社とか機材会社に行くのかな。正確にはよくわからないけれど、強固なヒエラルキーであることは確かです。ただ、官僚たちに比べると、天下りというのは、ほとんどないでしょう。ＮＨＫの場合は、大学教員も多いですね。たぶん、そういったこともあるから、テレビの人間は、今のうちにたくさん稼いでおかなくてはいけないという思いを持っているのかもしれません。

森巣　それはちょっと意外だったな。

森　僕が前に勤めていたテレコム・ジャパンも、局からの天下りはいなかったはずだと思います。というか、先ほどお話ししたように、待遇や力関係が天と地ほどに違いますから、局を辞めて制作会社になど行きたくないでしょうね。テレビ業界の歴史は、やっと五〇年を超えたところですから、まだそういった構造が確立されていないだけで、これから先は、天下りという現象も増えてくるかもしれないけれど。

▼裁かれた子会社――女性国際戦犯法廷問題

森巣　ＮＨＫと子会社の問題が出ましたので、お伺いしたいのですが、ＮＨＫ教育テレビの女性国際戦犯法廷についての番組のできあがった内容が、自民党の権力者たちの意図に沿わないという理由で改竄《かいざん》され、出演者側から告訴されて裁判になりました。

日本軍の性奴隷制度を裁く民衆裁判、女性国際戦犯法廷を主催した「ＶＡＷＷ－ＮＥＴジャパン」（「戦争と女性への暴力」日本ネットワーク）という市民団体の故松井やよりさんや、カリフォルニア大学の米山リサさんのインタビューを、まるまる削除して、当初の企画書とはまったく違う番組構成にして放映された。

あまりの無残ぶりに、ＶＡＷＷ－ＮＥＴの方たちや松井さん、米山さんが抗議して、裁判になり、ＮＨＫ側は負けた。そのときのＮＨＫの逃げ口上は、あれはＮＨＫ本体が制作したものではない、編集は子会社がやったみたいなことを平気で言う。その子会社というのは何かというと、ＮＨＫの連中の天下り先の制作会社ですよね。

森　少し補足が必要ですね。森巣さんがおっしゃっているのは、ＮＨＫエンタープライズ21というＮＨＫの子会社のことです。ＮＨＫのドキュメンタリーは、半分以上はその会社が受注しています。確かにＥＴＶのその番組『問われる戦時性暴力』の制作は、エンタープライズです。放送後に、ＶＡＷＷ－ＮＥＴは、ＮＨＫに公開質問状を送った。これに対してＮＨＫは、ＮＨＫの編集方針は一貫しているから、そこに誤謬《ごびゅう》があったとすれば、制作会社の説明不足であろうといった感じで逃げた。ならばエンタープライズの責任になるかというと、現場で実際に制作していたのは、ドキュメンタリージャパン（以下ＤＪ）という制作会社です。

森巣　そうすると、孫請けですね。

森　そうです。ＤＪは、名前が示すとおり、テレビ・ドキュメンタリー制作の老舗《しにせ》です。

森巣　しかし、その会社は改竄に加わっていない。

森　ＤＪは、ＮＨＫの度重なる番組内容変更の要求に対して抵抗し続けて、最後には番組制作からほとんど降りている。クレジットから社名も外してくれとまで言っているにもかかわらず、ＮＨＫ本局とエンタープライズは、放送直前に、無理やり編集し直した。それで、通常四四分の番組から、米山さんのコメントや裁判の重要な過程をごっそり削った結果、四〇分の番組に変更されるという異常な事態になった。

森巣　しかしなぜ、裁判では、いちばん末端の制作会社のＤＪが非難されることになるのでしょうか。

森　実際に取材したのは確かにＤＪです。でも彼らには決定権などほとんどない。テレビ業界のその構造に対して、裁判官が無知すぎたとしか考えようがないですね。賠償金の支払いはＤＪだけに命じられました。ＶＡＷＷ－ＮＥＴとしても、この判決には困ったと思います。

最初、ＮＨＫに抗議したＶＡＷＷ－ＮＥＴは、次にＮＨＫ、エンタープライズ、ＤＪを相手に訴訟を起こしました。米山さんは、ＢＲＣ（放送と人権等権利に関する委員会）に救済申し立てを行います。BRCは、米山さんの主張を認めて、NHKに対して「見解」を表明したのですが、この時点では他のメディアで、ほとんど報道されませんでした。

でも同時期、田中眞紀子の娘のプライバシーを書いた「週刊文春」が出版差し止めの仮処分を受けたことでメディアは大騒ぎでした。文春問題も確かに看過できないけれど、でも僕は、NHKのほうがはるかに大きな問題だと思っていました。ところが田中眞紀子のような派手な役者がいないから、ワイドショー的な盛り上がりがないんです。

DJには何人も知り合いがいます。この番組のプロデューサーだった坂上香さんは、この問題のために結局、DJを辞めました。他にも何人かがDJを辞めています。でもNHKにはそんな人は一人もいない。そもそもこの女性戦犯法廷を取り上げようという番組企画は、NHK側の意向だったんです。

制作委託を打診されたDJの中でも、当初、この企画をNHKで放送できるのだろうかという懸念があったらしいです。当然、昭和天皇の戦争責任についても触れざるを得ないからです。それでも、NHKがやると言っているのだから、俺たちもがんばっていい仕事にしようということで、ロケもして、編集もほぼ終えた段階で、NHKの局員も含めて試写をした。この段階で大問題になった。

内容を変更しろということになり、多少のマイナーチェンジはしたものの、これ以上は変更できない。今後の編集作業はNHKで行ってくれと言い残して、DJは番組制作から降りたんです。

森巣　そうすると、番組制作の権利は。

森　もちろん、ＮＨＫにあります。ＮＨＫがなんでそこまで、態度を急変させたかというと、いろいろな説があるんですが、対外的によく知られている事実は、右翼が来たことです。そして何といっても、安倍晋三や中川昭一ら「日本の未来を考える若手議員の会」の圧力です。

そんな経緯があったにもかかわらず、放送された番組には、ＤＪのクレジットが残っていた。番組内容は改竄され、時間も通常より短縮された。放送までに時間がなかったので、編集がちゃんとできなくてボロボロの番組になってしまった。ＮＨＫはこれに対して、よくあることですと答えたんですが、この番組は、ＮＨＫ教育の『ＥＴＶ』というレギュラー番組の枠で放送されたんです。レギュラー番組の一話だけが、急に短くなってしまうようなことは、テレビの業界では通常あり得ない。これだけを見ても、ＮＨＫが相当な無理をして、内容を改竄したことは明らかです。

▼期待権――「ひらめ裁判官」の異常な判決

森　この裁判所の判決が、今後の判例になるかと考えると、非常に危険です。番組内容の改変の事実について、取材対象者であるＶＡＷＷ‐ＮＥＴや松井さんたちの信頼を阻害したことは認めるが、その信頼を阻害したのは、すべてＤＪの責任であるとした。ＮＨＫに対しては、撮影素材を自由に編集して番組制作する権利は保障されるとしながら、裁判官は、期待権と言いましたが、取材対象者が抱く期待は、法的保護の対象になるとして、その責任は、あくまでも取材者であるＤＪにあるとして、賠償命令を下し、ＮＨＫの責任は、一切認めなかった。

森巣　裁判官は、上ばっか見てる連中が多いですから。最高裁人事局の意向に沿う判決をすればいいと思っている。いわゆる「ひらめ裁判官」。

森　異常な判決です。期待権の侵害を理由に、ＤＪは、一〇〇万円の支払い命令を下されました。ところがＮＨＫには、編集権があるからとの理由でお咎《とが》めなし。それなら制作会社はどうしたらいいんですか。

企画書通りに番組作って、局に渡した。そうすると、局の意向で、局の「自由な編集権」によって、内容の変更が行われる。その事態について、被取材者から、期待した内容と違うといって訴えられる。結果、制作会社の責任だけ認定され、局の責任は見過ごされる。どう考えても、矛盾している。その矛盾に加え、さらに期待権なんてものまで出てきた。滅茶苦茶な判決です。

期待権なんて言い出したら、政治家へのインタビューなんてできません。拡大解釈して、あまねく被写体の期待を裏切ってはいけないということになってしまえば、報道自体ができなくなります。

▼メディアの談合資本主義

森巣　要するに、「みなさまのＮＨＫ」は、「安倍さま中川さまのＮＨＫ」であることがバレちゃったわけですよ（笑）。

森　安倍は、「意見を求められたから、公正にやるようにと言っただけだ」と弁明しています。しかし、この「公正さ」の基準とは、いったい何なのか。実際に放送する前に、一部の人間がこれが公正かそうでないかを判定する危険性に対して、呆れるほどに無自覚です。

森巣　この件に関してＮＨＫと朝日が喧嘩した。でも、両方とも訴訟すると言いながら――全然しねえじゃねえか！　お前ら、自分たちが言ったことを守れよ！　ＮＨＫ職員を含め関係者全員に、テープがあるってことがわかっているんだから、朝日新聞も、月刊「現代」でテープの内容を小出しになんかしないで、早よ全部出せよ、こりゃ！（笑）。

森　「現代」はテープの内容を掲載しましたね。でも朝日は頑《かたく》なに、テープの存在を認めない。最大の問題は、安倍や中川にではなく、権力に擦り寄っているという意識のないＮＨＫの側にあるんです。業務の一環として普段から議員会館を訪ねていたとの弁明には、開いた口がふさがらなかった。しかも放送総局長は胸を張って言いましたからね。そりゃあ政治家にしても、お伺いを求められれば、「止《や》めろ」とか「よしよし」とか言いたくなりますよ。特にあの二人は、そもそもその程度なのだから。

ご存知のように、この一連の出来事をきっかけに、NHKへの受信料支払い拒否の動きが拡大の一途を辿《たど》っています。ただ、個人的には公共放送はやっぱり必要だと思うんです。

森巣　ただし、今のNHKを公共放送とは呼べない。だって、公共放送の拠《よ》って立つところをほとんど無視しているわけだから。もちろん、NHKの中には志の高い人や優秀な人もたくさんいます。でも、彼ら彼女らの能力が機能しないシステムが厳然としてある。

森　オーストラリアの場合はどうなんですか?

森巣　少なくとも、ちゃんと政府とは喧嘩します。基本的に公共放送の立場は、Aという政党が政権をとったらAを批判し、Bという政党が政権をとったらそれもまた批判するべきなのです。

森　権力に対するwatch dog（監視人）機能をしっかりと果している。

森巣　番犬だからこそ、公共放送。そうでなければ、公共から金を取る私放送にすぎません。現在のNHKのあり方は、権力の広報機関です。つまり、広報放送（笑）。だって、全然批判しないんだもの。権力のいいなり、というよりは、むしろ権力はこうすれば喜ぶだろう、というおもねりで動いていますね。

森　よく言われていますが、総じて政治部の存在が大きいと思います。「神の国」発言の際、森喜朗に釈明の指南をしたとされるNHK政治部の記者は、その後、順調に出世しているんです。でも、政治部が力を持っているのは、民放や新聞も同じ。確かにNHKは突出しているけれど、政治家や派閥に擦り寄ることは、日本のメディア全般の病理になりつつあります。

森巣　たとえば、讀賣新聞や朝日新聞の社屋が立っている土地を考えればわかる。みんな国からの払い下げでしょう（笑）。こういう談合民主主義では、政治部が力を持っていくのも当然です。

森　テレビ関係者は、行政による放送免許剝奪《はくだつ》の危険性を自主規制の理由にします。

森巣　でも、放送権を取り上げるったって、簡単にはできっこない。単純な右の人は、よく中国や北朝鮮では言論統制が行われていると主張する。でも日本では統制の必要さえない。だって、命令される前にやっちゃうんだから（笑）。こうすれば喜ばれる、と勝手に考え、やってしまっている。

森　アメリカでは一度だけ、放送免許の剝奪という事態がありました。でも、日本では例がない。しかも、一度も合併とか再編成というのもない。それだけ守られてきて、逆にというかだからというか、自由にものを言う領域を狭めてしまったんです。

森巣　たとえば、例のライブドアによるニッポン放送の買収騒ぎの結末も、結局は、資本主義の原則でやってきた人間（ホリエモン）を、談合資本主義の枠組みに取り込んだということでしょう。それだけではなく、なんとその人間は、のちに自民党の選対支部で、「無所属」からの立候補を宣言した（笑）。思えば、数年前のマードックによるテレビ朝日買収騒ぎも、同じような経緯を辿《たど》りました。

森　たしか森喜朗も発言していたと思うけど、外資を入れてはいけないという意見が多かった。でも、他業種では当たり前の外資との競争が、どうしてメディアには許されないのか。ゼネコンでさえ、ずいぶん変わってきているのに。

森巣　言語の壁で守られているのですよ。「石原は極右ではない」というごまかしもそう。本来の資本主義の論理からは逸脱している。これも戦後民主主義の成果です。一つは、ものを考えさせない人間の量産。もう一つは、外国語をしゃべれない人間の量産（笑）。だってあり得ないですよ、六年以上も英語を勉強してきた人間がしゃべれないなんて国は。その代わり、キャリア官僚たちは、それなりに外国語を操れる。じつは、私の父親もそういう関係の人でした。今、妻であるイギリス女性を紹介したときに驚いたのは、親父がヘタクソながらもしぶとい英語を使いこなしたこと。そういう訓練をされていたんだな、と。

とにかく、この一連のＮＨＫ問題に関しては、局側の対応もお粗末なら、判決もとんでもない。さらにそれを、判決の滅茶苦茶さ加減を含めて伝えることができていないメディアの状況も、そしてそのことに疑問を持つことのない社会というものも、この先一体どうなってしまうのか……、なんで私のような一介の博奕打ちが、こんな心配をしなけりゃいかんのか（笑）。

森　同感です。テレビ出身の中途半端なライター兼ディレクターが、なぜこんな批評家もどきの発言をしているのか。これもきっと、座標軸のずれなんでしょうね（笑）。

第二章　質問しないメディア

▼メディアは世論誘導をするもの

森巣　森さんは、メディアも国家権力も本質的な強者ではない、強者ではないから自発性はないとおっしゃいます。

森　はい。そう思っています。

森巣　しかし、メディアというのは、世論誘導をするものなのではないですか。桜田門、霞が関、永田町、あるいは大企業が何かをしでかすと「不祥事」です。他の人がすると「犯罪」。これは、明らかに言葉の置き換えによる世論誘導です。実質上破綻《はたん》していた銀行に注入した税金を「公的資金」と呼んだ。これも明らかに、言葉の置き換えによる世論誘導です。

日本に住む多くの人たちは、自分の頭で考えるトレーニングがされていない。森さんも一連の著作の中でおっしゃっているけど、思考停止の状態になっている。そんな状況で、誘導されれば、そのまま従ってしまう。同じ問題でも、NHKでこう言うと、それはもっともだと言って、「日刊ゲンダイ」でその反対の意見を出されると、それももっともだと思う。まったく対立するはずの状況を、そのまま受け入れてしまう。だから、世論調査といっても、誘導されたことを答えるだけ。世論調査の方法による誘導もあります。こういう答えを導き出すためには、こういう質問をしろと。

森 確かに世論調査って、選択肢の設定の仕方でかなり違いますね。

森巣 設問の仕方によって、まったく相反する回答が出てくる。それはなぜかというと、自分で考えるトレーニングを受けていないからです。文部省（当時）が企てた戦後教育というのはそういうものだったと思うのです。もちろん戦前もそうだったのだろうけど、私が知っている戦後民主主義教育とは、結局、自分で考えさせないための教育でした。その行き着くところが今の状態です。そして、最後の踏絵、これを踏まないとお前ら非国民だぞといって、今持ち出されているのが、日の丸・君が代じゃないかと思います。それゆえ、日の丸・君が代に対しては、強制しないと閣議決定しておきながら無茶苦茶をやっている。

祝祭日には国旗を掲揚せよ、などとのすたるじいたちは主張するのですが、そもそも敗戦後、日本から「祭日」がなくなった、ということすらわかっていない（笑）。「祭日」というのは、気ヲ付ケッ、畏《おそ》れ多くも畏《かしこ》くも、天皇陛下が宮中で祭事（まつりごと）を行う日のことを指します。休メッ。ただし、呼び名を変えられて、戦後も生き残った。たとえば、秋季皇霊祭は秋分の日、新嘗祭《にいなめさい》は勤労感謝の日といった具合ですね。

話は少し変わるのですが、日の丸・君が代に最も熱心な人の一人は、明らかに石原慎太郎東京都知事でしょう。で、私はスパイに依頼して、田園調布の石原邸を監視してもらっているのですが、なぜか「祭日」に石原邸には日の丸が掲揚されていない（笑）。

森　いい話だな（笑）。東京都の旗はあったんでしょうね。

森巣　東京都の旗もない（笑）。警備のお巡りさんがぞろぞろいるだけです。祝祭日には日の丸掲げろなんて言っておいて、自分はいいわけ。そういうものなのです、権力者たちというのは。昭和節（＝みどりの日＝昭和の日＝昭和天皇誕生日）すら日の丸がない。なんじゃ、ありゃ、と私のスパイは、ひどく失望しておりました。

森　そして、無根拠に上から押しつけ、解答を与え、質問をする能力、言い換えれば思考する力をどんどん奪っていく。

森巣　戦後民主主義教育というのはそういうものだったのです。思考能力の収奪が本質でした。それが、行き着くところまで行き着いてしまったのじゃないですか。

▼なぜ石原慎太郎を「極右」と呼ばないのか？

森巣　石原が話題になったついでに、少し付け加えたいと思います。彼とメディアの関係を知るのは、現在日本が置かれた位置を知るうえで、非常に大切だと考えるからです。
日本の大手メディアは、フランスのルペンやオーストラリアのハイダーを報道する際、必ず「極右」という形容をつけます。おそらく欧米の主要メディアは、この二人のことを英語でいえば、エクストリーム・ライトとかウルトラ・ナショナリストと呼ぶから、それをそのまま直訳しているせいでしょうね。

森 そうでしょう。

森巣 じゃ、そう呼ぶ根拠とは何か？ 彼らは「純潔な民族」という存在を信じているからです。そこから「外国人排除」「移民排斥」の主張が生まれてくる。これは欧米の主要メディアの水準では、レイシズム（人種差別主義）の思想であるとして、批判されざるを得ない。それゆえ、エクストリーム・ライトとかウルトラ・ナショナリストとか形容されます。
一方、ひるがえって石原の発言を見てみましょう。石原慎太郎は、その著書（『日本よ』扶桑社文庫、二〇〇四年三月）の中で、凶悪な手口の犯罪を中国人が行ったと書いたあと、「こうした民族的ＤＮＡを表示するような犯罪が蔓延《まんえん》することでやがて日本社会全体の資質が変えられていく」という「中国人犯罪者民族的ＤＮＡ論」を展開しました。結びの文章は、「将来の日本社会に禍根を残さぬためにも、我々は今こそ自力で迫りくるものの排除に努める以外ありはしまい」です。

森 民族的ＤＮＡ？ どうしてそんな語彙が口にできるのだろう。

森巣　ＤＮＡというのは、本人がどれだけ努力しようとも、変えられないものです。当たり前の話ですが、「極右」のルペンやハイダーでさえ、「民族的ＤＮＡを表示するような犯罪」なんてことを主張しません。そんなことを言ったら、一発で「人種差別煽動《せんどう》・助長行為」として起訴され、檻《おり》の中でしゃがまなければならない。

森　当然です。

森巣　ところがルペン、ハイダーに「極右」の冠をかぶせる日本のメディアは、石原を決して「極右」とは呼ばない。いや、そればかりではなく、欧米の主要メディアが石原のことを、エクストリーム・ライトとかウルトラ・ナショナリストとか表現すると、欧米のメディアは石原慎太郎のことを誤解している、なんて弁護する。まるで冗談みたいな世界です。ちっとも誤解してませんよ。正しく理解しています（笑）。

森　レイシズムと極右とは本来は違うはずです。まあでもそれはそれとして、確かに石原は、舌禍のハードルの低さといい、不思議なくらいに特権的位置にいますよね。

森巣　それは政治部のジャーナリストたちが石原と同じような考えを持っているからなのでしょう（笑）。自分がレイシストのはずがない、石原に投票した三〇〇万人の東京都民がエクストリーム・ライトやウルトラ・ナショナリストであるはずがない、と信じている。しかし、欧米メディアのように、石原を「極右」と形容しておけば、いくらなんでも三〇〇万人の東京都民が石原に投票することはあり得ない。そこのところを政治部の連中は隠蔽しているわけでしょ。実は全員、レイシストであり、「極右」であり、エクストリーム・ライトないしはウルトラ・ナショナリストなのです。その自覚がまるでない。すなわち石原は、欧米メディアにまったく正当に理解されている（笑）。

レイシズムというのは、実は自分がレイシストであると自覚するところから、その是正が開始されるのですが、これじゃ、直しようがない。

森 先日、石原慎太郎が沖ノ鳥島に上陸する様子が報道されました。経済的排他水域を確保するために、無理やり島に格上げしている岩礁です。島に設置されたプレートにキスをするというパフォーマンスのあとに、「今ここにシナの潜水艦が来たら、戦争だなあ」と、嬉しそうに彼は言うんです。ルペンやハイダーだってそこまでは言いません。それがテレビでは、ごく当たり前の光景のように放映される。

森巣 石原が沖ノ鳥島に行くのは構いません。どんどんと愛国者ぶりを発揮していてください。でも、いちばん困るのは、帰ってくることです（笑）。どうせなら岩礁の上に掘っ立て小屋でも作って、そのまま島を守っていなさい。どうせ週に二日間くらいしか都庁に出てこないんだから（笑）。

森 数年前、右翼の大物と一晩酒を飲んだことがあります。彼らは決して、今の日本のこの世相を大歓迎しているわけじゃないんです。たとえば「新しい歴史教科書をつくる会」に対して、「あれは民族主義じゃなくて全体主義だ」と言っていました。

全体主義とは、構造的には無自覚な萎縮の集積です。だから、メディアや世相の右傾化という側面よりも、個が全体に溶け込んで帰属意識や排他性が強くなっていることのほうがよっぽど恐ろしい。「我々は今こそ自力で迫りくるものの排除に努める以外ありはしまい」との石原の発言が支持されるのも、民族主義的思想や信条が背景にあるのではなく、治安社会への無自覚な希求がより強く働いているだけのような気がします。疑似ナショナリズムなんです。だから怖い。彼を極右だとメディアが断言しない理由は、自分たちが右翼的体質に感染しているからではなく、むしろこの無自覚な萎縮や保身が継続的に集積している状況の表れなんじゃないかな。

森巣　「右傾化」というより、「落下」かな。

▼質問しないジャーナリズム

森　先ほど座標軸を、誰が、どこに置くのかという話題になりました。僕と森巣さんの間でニュアンスの差異があるとしたら、森巣さんは、それを、たとえばナベツネとおっしゃった。しかし、僕の中には、ある意味、ナベツネすら民意に迎合している、操られていると思っている部分があるんです。……喩えとしてナベツネは極端すぎるかな。でも、発行部数公称一〇〇〇万部という世界一の数字が、今のナベツネを支えているんです。それがなければ、昔は町内に一人くらいはいた、ただの愛国オヤジです。

森巣　ナベツネは、俺が世界だ、だからそれを変えてどこが悪い、という考え方でしょ。

森　たとえば、石原慎太郎の場合であれば、選挙という形で、東京都民は石原を選択している。

森巣　そうですね。三〇〇万人という無知のおかげです。

森　つまり、石原を陰で操っている、操っているとの自覚まではないにしても、支持する民意があるんです。発行部数一〇〇〇万部や支持数三〇〇万人という裏づけがなければ、二人とも何ら力は持ちえない。その意味では、旧左翼的な発想による、「打破すべき権力や支配階層」といった捉え方も、確かに一面としては存在しているけれど、彼らが持つその権力は天賦《てんぷ》のものではなく、民意が与えたものなんです。

徳川時代とか今の北朝鮮のような世襲による独裁体制は別にして、権力者の生殺与奪の札を握っているのは、実は僕たち市民社会です。この構造は政治においては投票で、メディアにおいては視聴率や購買部数などの指標に表れます。もちろんこうして権力を付与された個人や組織が、勘違いして暴走することはありえます。でも少なくともメディアについては、世論を誘導するような根性はないんです。彼らを支配するメカニズムは、一にも二にも市場原理です。今のメディアが低劣化する大きな要因は確かに商業主義だけど、逆に言えば商業主義に縛られている以上は、少なくとも民意には大きくは背かないということがいえるんです。

森巣　ここでは、メディアを、民主主義の前提である三権分立の原則と絡めて考えましょう。立法は、その構造上、多数者の利益を代表する。行政は、立法によって作られたものを公平に分配し、遍《あまね》く運用していく。そして、司法というのは、立法、行政によって侵害された弱者や、少数者の権利を守るために存在している。これが三権分立の原則なんです。

この分立を監視するため、第四の権力と言われているジャ！ナリズムが存在している。立法悪い、行政悪い、司法悪い。放っておけば自分への利益導入のため癒着し腐敗する。それを監視、告発するために、ジャーナリズムには特権が与えられている。ところが、今のジャーナリズムというのは特権だけ食ってしまい、質問しないジャーナリズムなんです。

森さんと私が相似するのは、素朴な疑問を発する部分ですね。『放送禁止歌』は、その好例でしょう。森さんは、誰が「放送禁止歌」なるものを決定しているのか。そういった素朴な疑問を発する。私も素朴な疑問を発するわけです。日本人って誰のこと、と。「日本人論」では、日本人はこうだって言うじゃないですか。えっ、それじゃあ、俺は日本人じゃなかったのか。そういう素朴な疑問から始まる。

▼大本営発表を書き写す

森巣　皇太子が、ヨーロッパ王室の結婚式に参列する出発前の記者会見で、「雅子の人格やキャリアを否定する動きがあった」と、宮内庁および東宮御所関係者を厳しく批判した。すると湯浅宮内庁長官がのちの記者会見で、皇太子発言に対する嫌がらせ、ないしは仕返しだったと思いますが、「雅子さまのご病気は、フィジカルなものではない」とバラした。

フィジカルなものじゃない病気って何ですか。メンタルなものかサイコロジカルなものでしょう。私が記者ならまず質問するのは「あっ、そんなこと言って平気なの？」と（笑）。次の皇后陛下になられるお方の微妙な個人情報です。そんな微妙な個人情報を記者会見で発表してええんかいな。しかし、そこにいた記者が、誰一人質問しないって何ですか。質問する権利、質問する能力にまったく欠けている。

大本営発表を、ジャーナリズムが、その発表に質問を挟まないまま、書き写して伝える。やはりこれは一つの大きな意思によって世論が誘導されていると言っていいと思います。ただここで問題となるのは、その大きな意思が、指定できる特定の個人ないし集団から発せられていない点です。四つの権力が、共同正犯あるいは事後共犯の関係を築きつつ、大きな意思を形成していく。恐ろしいことです。

ジャーナリストになる人というのはそれなりの教育を受けたうえで、ジャーナリストとして質問をする訓練を受けているはずでしょう。その人たちが質問できない。大本営発表を書き写すだけになっている。それを受け取る側は、たぶんもっと考える訓練を受けていない人たちだから、結局、メディアが世論を作る。

森　国民国家の基盤をなす三つの権力——立法、行政、司法を監視する機能は、メディアの最優先事項であるはずなのに、これがまったく機能してない現状についてはおっしゃる通りです。僕の持論をさらに発展させれば、この国は民意による間接統治の国です。でもその、国権の発動たる民意、森巣さんの言葉にすれば「大きな意思」が、特定の個人や集団から発せられていないことに、大きな陥穽《かんせい》がある。そこもまったく同意です。この国の民意には主語がないんです。だから述語が過激になる。

それと本質的な問題点とは別に、日本のマスメディアの場合、記者クラブの存在という問題もありますよね。新聞の広告か電車の車内吊りでしか見てないですけど、女性誌が「雅子さま躁うつ」と見出しをつけていました。宮内庁記者クラブに所属している新聞やテレビでは、「躁うつ」という言葉は書かないし、使わない。

▼主体なきコントロール

森巣　でも、記者クラブ体制だけを壊しても駄目なんじゃないかと思いますね。記者クラブに所属しない多くのジャーナリストたちも書かない。

森　確かに、記者クラブ体質だけが問題ということではないです。それが諸悪の根源であるかのように言う人も多いですけど、存在することの利点もあるんですよね。

森巣　それは読者にも責任がありますか。

森　記者クラブの弊害については、さすがに読者や視聴者に責任は転嫁できないです。既得権益にしがみつきながら、監視しない、チェックしない、大本営垂れ流しの、メディアの完璧な責任です。

森巣　そのメディアによって、世論は作られるのです。

森　でも世論を形成するその情報は、やはり大前提として、市場が選択しています。つい最近、知り合いの元オウム信者が、労働基準法違反という容疑で逮捕されました。もちろんこんな容疑で逮捕など、普通はありえない。明らかな別件微罪逮捕です。でもメディアは逮捕のニュースは大きく報じても、結局は彼が、数日後に不起訴で釈放されていることは報じません。オウムを脱会して一市民として暮らしていた彼の生活は破壊されました。おそらく職場や今のアパートからは追われるでしょう。朝日は夕刊で、社会面トップで顔写真まで載せました。警察のこのなりふり構わない捜査について、批判はまったくない。

特にオウムについては、ずっとこんな報道が続いています。だから警察は、微罪や別件逮捕をやり放題。その意味では確かにメディアの責任は重い。でも同時に、なぜメディアが逮捕は大きく報じてもその不起訴を報じないかといえば、その情報に対してこの社会が欲情しないからです。オウムに対してこれほどに無茶苦茶な弾圧を国家が重ねているという情報を提示すれば、視聴率や部数は下がるし、悪のオウムの肩を持つのか式の抗議の対応で大変なことになる。だから主体はメディアではない。ところがメディアに刺激され、同時にメディアをコントロールする世相にも、実は主体はない。つまり互いに従属しながら、主体を喪失している。

ならば政治家はどうか。構造的には彼らも同様です。もちろん僕は、野望や策略と彼らが無縁であると言う気はありません。でも繰り返しになりますが、政治家は選挙というシステムで、そしてメディアは視聴率や部数という市場原理で、どちらも民意の選択を受けているわけです。

森巣　それでも、自分たちが民意を作れると考えているのではないかな。そうでもないとてもできないようなことを、メディアは平然と実際に行っているわけですから。

▼いつの間にか垂れ流し

森巣　たとえば現在、日本全国に七〇〇〇も国所管の公益法人がある。公益法人って、天下りの官僚を受け入れる機関のことです。こんなの善意でやっているわけない。七〇〇〇というのは、霞が関所管のものだけですよ。これに地方自治体のものまで加えれば、目が回る数字です。

私の本業は、博奕打ちです。副業で文章を書いてます。だから、兼業作家（笑）。それはともかく、日本というのは先進国で唯一、ゲーム賭博の場、すなわちカジノが公認されていない国です。なぜなのか、その理由ははっきりしている。「自動車産業より大きい」年間三〇兆円産業のパチンコ業界があるからです。

パチンコというのは、「風俗営業等の規制及び業務の適正化等に関する法律（通称・風営法）」第二三条で、「客に提供した賞品を買い取ること」が禁止されています。現にほんの一五年前までは「景品買い」は取り締まられていました。ところが現在では大っぴらに換金できます。

なぜなのか？　それは景品を買い上げるシステムを警察が立ち上げたからです。パチンコの

「景品買い」を警察がやっている。もちろん、誰も取り締まれません。これによって、退職警察官は、警察共済組合から、国の基礎年金以外に毎年数百万の年金を頂戴できる仕組みになっている。こんなの善意でやっているわけないじゃないですか。自分たちの利権、すなわち利潤の私有化、費用の社会化です。このインチキシステムを、公益であるとか国益であるとか、さすがに警察の連中も主張せんでしょう。

森　そこまで厚顔無恥じゃないと思いたいですね。

森巣　七〇〇〇いくつある国所管の公益法人、つまりそもそも豊かな官僚の救済機関があるなんていうことは信じがたい。そういうものが全部集まって霞が関のシステム、あるいは日本国のシステムができ上がっていっています。

森　官僚はそうでしょうね。一から一〇まで既得権益。

森巣　しかし、ジャーナリズムはそういった権力の癒着と腐敗を監視する装置です。それにもかかわらず、ジャーナリズムは、権力にべったりとぶら下がり、大本営発表を広報している。連中は大本営の書き写しジャーナリズムをやっているばかりではなく、民間にかかわる報道を流す場合でも、たとえばそれがマクドナルドのニュースだとするなら、時給八〇〇円のアルバイト店員のように「ポテトもいかがですか」と書きかねない（笑）。恐ろしいことです。

森　事例としては、森巣さんの言う通りです。でも、ならば、その大本営発表がメディア側の策略や戦略の表れかというと、そうじゃないんです。メディアにとって利益になっているかというと、ほとんど利益になどなっていない。害にもなっていないけど。

森巣　いや、害にはなっていますよ。

森　現状のマスメディアにとっては、ということです。社会にとっては、もちろん大変な害ですよ。戦争はこうして始まるわけですから。ただしメディアにとって、権力におもねることが何らかの利益にむすびつくかというと、そうでもないんですよね。むしろそうであれば、是正しやすい。その要因を抉《えぐ》り出せばよいのですから。ところが実際のところは、単に面倒を回避したり責任の所在を放棄したりしているうちに、いつのまにか垂れ流しになってしまったという側面が強いんです。つまり無自覚性。だから厄介なんです。

森巣　それが彼ら彼女らの言う、客観性の本質ですね。

森　そうやってどこかで、権力におもねることの後ろめたさをごまかしているのかもしれませんね。

▼客観報道という逃げ口上

森巣　アメリカの研究者、B・H・バグディキアンという人が言っているのですが、客観性というものはすでに社会的権威を確立した公式の声を尊重する傾向があると。

森　先ほどの座標軸の話ですよね。公共的な意思が座標軸を設定すると。バグディキアンの指摘する公共的な視点というのは、要するに、お上《かみ》のことですから。

森巣　当たり前の話ですが、お上の言うことには、そもそも客観性がありません。江戸時代と異なり、何がお上だとするのは難しいのですが、結局、永田町と霞が関システムではなかろうか。受益者は霞が関およびそのシステムにぶら下がる「国民の代表」だけなんです。その彼ら彼女らが受益する発表を選択し、少なくとも、そのシステムが損傷し、損害を受けるようなことは言わない。

それを客観性としてしまう。ということは、客観性とは、中立ではあり得ないし、ましてや無政治性と呼ぶことはできない。森さんの言葉を使うと、それは政治的なんだという自覚がなされていないわけです。その無自覚性が発表ジャーナリズムを生む。現在、朝日だって讀賣だって産經だって、八割の記事内容は同一です。お上の発表を書き写しているだけなのだから。たとえば、柳条湖事件から一四年間、日本のジャーナリズムは連戦連勝と書いてきて、東京大空襲や沖縄戦、あるいは広島と長崎に「新型爆弾」が落とされるまで、大本営発表を書き続けてしまうわけでしょう。いや、敗戦になっても、GHQの発表を書き続けた。それを、ほとんどの国民は信じてしまう。

森　丸山眞男は、戦争になったとき、最初に転向するのは新聞だと言いました。その後テレビがメディアの覇権を握ったから、今はテレビが最初に転向するのでしょうね。

森巣　結局、何にも学んでいない。今は新聞だけじゃなくラジオもテレビも、ジャーナリズムはほとんど全部そうなってしまっている。唯一の希望は、フリーランスのジャーナリストたちが主流から外れたメディアで発表するものですね。それらを繋ぎ合わせて、やっと大きな画が見えてくる。

森　マスメディアの萎縮や怠慢が、結果的に政権与党にとっては都合の悪い情報を隠蔽するなどの弊害として表れていることは事実です。でもそれも、国民が政権与党を本当に見放せば、メディアはあっさりと宗旨替えするでしょう。メディアにとっての最優先順位は、政権与党の顔色よりも数字です。その程度の癒着なんです。ただし、その程度だから暴走します。もしも鈴木宗男が石原慎太郎ほどに国民から支持されていたのなら、逮捕されることなど絶対になかったはずです。そのイメージ作りの主体は、確かにメディアですが。

▼抗議が怖い、数字が欲しい

森巣　たとえば、「雅子さまにはメンタルかサイコロジカルなご不快があるのですか」とジャーナリストが質問すれば、視聴率は上がりませんか（笑）。

森　数字以外にもいくつかのバイアスがあって、その一つは冒頭でも触れた抗議です。テレビの場合、皇室関係については、まず右翼からの抗議に怯《おび》えています。有名大学を出たエリートばかりだから、直接的な暴力に弱いのかな。もう一つは記者クラブから排除されるなどのバイアス。それと広告主の意向も大きな要素です。たとえ数字がとれてもその番組が不敬であるとの理由で社会問題になったら、広告主は嫌がります。

行政からの圧力については、個人レベルではあったとしても、最終的に免許を取り消されることはないと、テレビ局もわかっていますからね。実はさほど眼中にないはずだと僕は思っています。むしろ監督官庁の総務省の意向を、自分たちの萎縮のエクスキューズに使っているほうが多いんじゃないかな。局の上層部のことは、正確にはわからないですけど、現場にはそういった感覚がありますね。

森巣　上層部は、免許が取り消されるぞというようなことを言い訳としながら、現場に対して、自分たちの主張を押しつけている。

森　テレビの内幕を描いたドラマや漫画などでは、よくありそうな話ですね。でも現実にはどうかなあ。ないと断言はしないけれど、実のところ、リアリティはあまりないですね。個人の保身はいくらでもありますよ。責任を取りたくないから、この企画は没にしろとか、編集を直せとか、そのバイアスは常にあります。でもテレビ局の誰かが、自分の政治的信条を表明するために番組に圧力をかけるとか、その危惧はあまり考えなくていいんじゃないかな。

森巣　そうですか。しかし、たとえば日本テレビだとしたら、ウジイエやナベツネのご意向には、常に気遣うのじゃないですかね。そういえば、ウジイエにしろナベツネにしろ東大新人会で共産主義の福音を伝道していた人たちですな。おっと、これは現在のメディア状況では、言ってはいけないことなのか（笑）。でも、テレビ局員があるときは総務省の圧力を言い、あるときはまったく言わない。

森　それはあります。ですからエクスキューズなんですよ。対外的なエクスキューズならまだマシだけど、自分たちへのエクスキューズとしてもそのレトリックを使う。要するに麻痺です。
　メディアは市場原理に支配されていると僕が発言すると、たとえば「産經新聞」と「朝日新聞」の論調はこれほど違うのに、同一の市場原理が働いているとは思えないと反論される場合があります。でもあれも要するに市場の棲《す》み分けのようなものであって、それぞれのマーケットに対しての市場原理であると思っています。
　メディアって常に、利用される客体なんです。主体となることはほとんどない。だからこそ危なっかしいんです。保身や売り上げのためには、簡単に権力や俗情と結託しますから。
森巣　確かにそれがエクスキューズだというのはわかります。しかしエクスキューズが繰り返されることで、それをホンネとして信じてしまう連中がいるわけです。先の大戦が、「アジアを解放するためのものだった」なんて、単なるエクスキューズで言い出した奴を含め誰も信じていなかった。ところが現在では本気でそう思っている人間がいる。

▼オーストラリア・メディアの質問力――フィリップ・アダムスの討論番組

森　今のこの論点について、オーストラリアと日本のメディアを比べたらどうですか。
森巣　問題がないわけではないですけど、オーストラリアのメディアにはなかなかよいものもあります。ＡＢＣ――イギリスのＢＢＣを真似して作った放送局の、とりわけラジオが面白い。

オーストラリアというのは、車での長距離の移動が多いから、ラジオが非常に影響力を持つ。

森 ＡＢＣは国営放送なんですか。

森巣 予算は国庫からくるコマーシャルなしの公営放送ですね。ＮＨＫみたいなものです。ＮＨＫというのは、「皆さまの」と言いつつ、結局、政権党の一部の「権力者のＮＨＫ」となり下がってしまった。私は「なかだちこうへい（中立公平）」という摩訶不思議な主張がそうしてしまったのだと考えます。すなわち勃起していてもいけないし、まったくインポでもいけない。そういう立場ですね。

森 始まった（笑）。

森巣 ところがオーストラリアのＡＢＣは、「中立公平」とも「不偏不党」とも言わない。その代わりに「公共性」を主張するのです。つまり「公共圏」の構築のために、ＡＢＣは存在するとする立場。ですから、通勤時間帯に、ラジオでニュースを掘り下げる報道番組をやります。その番組は、現在の保守政権からしょっちゅう抗議がくる。労働党政権の時代には、やはりその政権から抗議がきた。しかし権力からの抗議は、ジャーナリズムの勲章である、という考え方です。

もう一つ、フィリップ・アダムスという、小学校しか出ていないけど、オーストラリアでおそらく最良の知識人の討論番組がある。これは本当にすごい番組でして、そんなこと言ってもいいの、と思うようなことを平然と言う。しかも、独自の調査網を持っていて調べる。朝夕の報道番組、そしてフィリップ・アダムスの番組があるからABCには、公共放送としての存在意義があると考える。健全という言葉は嫌いなんですけど、少なくともラジオ放送は健全だと思う。

森　同じ公共放送であるNHKが『朝まで生テレビ！』をレギュラーで放送していると思えば、ABCの凄さがわかります。いずれにせよオーストラリアのメディアは、健全に機能していると、森巣さんは実感している。

森巣　一部メディアは機能しています。たまたまその一部のメディアというのが主流だから。

▼リスクを負わないメディア

森　そういった番組に対して、抗議や批判のようなものはないのですか。

森巣　批判や抗議は当然あるでしょう。それゆえ、支持されてやっていけるのです。

森　そこが重要なんです。日本のメディアでは、抗議がくると、その瞬間で終わってしまう場合がほとんどです。

森巣　霞が関も、日本の大企業のシステムもほとんどそうなのですが、減点主義で機能している。減点をされないということがプライオリティです。リスクを冒さない、減点されない、失策を犯さないというのは、それはそれで一つの生き方だけど、逆に考えると、それでは得点はできません。資本主義の原則だけど、ノーリスク・ノーリターン――私の言葉で言えば、リスクを冒さないのは最大のリスクである。だから、バブル破裂以降、日本の社会は、全部ジリ貧になってしまった。

森　高度経済成長期には、護送船団方式や終身雇用も含め、日本独特の疑似社会主義的システムは確かに有効に機能しました。けれど、ある臨界点を超えてしまうと、そういった体質は、逆に足を引っ張るんです。今のマスメディアの本質は企業体ですから、テレビ局も、新聞社、出版社も、同じ原理が内部で働いて、リスクを負わなくなった。ならばここで、普通の会社と同じように、メディアが利潤追求の原理だけでいいのかという問題が浮上する。

森巣　「三権プラスワン」たる権力を持っているメディアの自殺行為です。それなら、特権を放棄せよ、偉そうなこと言うな。国有地をただ同然の値段で払い下げてもらうな。牛丼屋の会社と同じルールでやるべきです。

森　僕もそう思います。たとえば公務員はアルバイトができないとか、法曹関係者は守秘義務を守らねばならないとか、仕事にはいろんな特性と付帯義務があるはずです。ならばメディアの特性は何なのか？　市場原理に埋没することはある程度までは仕方がないとしても、でも他の営利企業のように、常に視聴率や部数などの利益最優先で本当に許されるのか。第四の権力であるならば、その権力を与えられたことへの担保条件があるはずなんです。

森巣　そういうことです。おいしい部分だけ食っといて、「いや、ウチも企業ですから」と言われても、ちょっとなあ（笑）。

▼自主規制——言葉の置き換えの移り変わり

森巣　抗議ということで思ったんですが、言葉の自主規制の問題があります。たとえば、「精神障害者」の代わりに現在では何て言うのですか。

森　「精神障害者」は大丈夫だけど、「精神病者」はダメです。もう少し正確に言えば、ダメとみんなが思い込んでいる。

言葉の置き換えのサイクルが、どんどん短くなってきています。「精神病」や、「浮浪者」、「乞食」などは、その言葉を使う側に負のイメージがあるんですね。差別意識であると同時に、そういった社会的弱者に対しての後ろめたさみたいな感情も微妙に入り混じっていて、言葉を使いながら目を逸《そら》そうとする。だから発した言葉に負のイメージが憑依《ひょうい》する。そうなると、絶えず書き換えをしていかなくてはならなくなる。

森巣　じゃ、障害という言葉には、負のイメージはないのですね。

森　まだ使い込まれていないだけの話です。だって障害という言葉は、少なくとも優しさを秘めた言葉じゃないですよ。運動会の障害物レースがそろそろ使いづらくなっているようです。あと二年、三年経《た》つと、「精神障害という呼称はひどいよ」という状況になると思います。

さらに問題は、この負のイメージが、自動的に増殖していることです。たとえば最近はテレビや新聞では、八百屋や魚屋、肉屋や床屋などは、使いづらい言葉になっています。それぞれ、青果店、鮮魚店、精肉店、理髪店などに言い換えられていますね。これなんか根拠がよくわからない。想像するしかないけれど、「〜屋」という呼び方に蔑視の雰囲気を誰かが感知して、それがいつの間にか拡大再生産されたという可能性はありますね。テレビ屋とかブン屋とか、そんな自虐的な言い方を自分たちでしてきましたからね。自分たちで使って自分たちで自粛している。まったくの推定ですが、でも意外とそんなところかもしれない。オーストラリアでは、差別用語の問題はどうなんですか。

森巣　差別用語はありますが、使っても構いません。ただ、それをどのようなコンテクストで使うかなんです。負の烙印《らくいん》を押すために使うのか、そうではなく、同じ言葉を使う場合でも、その差別に対する一種のパワフルな反撃として、抑圧の道具を解放の道具として使うのか。だから、常にコンテクストの問題となるわけです。一律にその言葉自体が問題になるのではない。

確かに、使ってはいけない言葉はあります。「アボー」——これはオーストラリア先住民アボリジニーズに対しての、北米黒人に対する「ニガー」と同じ種類の差別的な意味を含む言葉です。

森　メディアにおける位置づけとしては、「穢多非人《えた》」に近いのかな。たとえば、アボリジニを「アボー」と言って蔑視する人がいることを問題提起する場合、アボーを表記したり、放送媒体でプロナウンスすることは問題になりますか？

森巣　それなら問題はありません。現に南オーストラリアのアボリジニ協議会のマイケル・マンセルという人は、自分たちのことをわざとその呼び方で言うときがある。

森 そこは日豪の違いですね。日本では仮にそんな場合でも、たとえば「部落民」とかの語彙にしても、なかなか使いづらい。……言葉の使い方が難しいな。実際に使いづらいわけじゃなくて、使えないと思っているメディア関係者が多数派だということです。そうなると誰も触れないようになってしまう。だからこうした差別問題が、どんどん闇に押し込められる。闇に押し込められるから幻想は肥大する。肥大するから差別は一層深刻になるし、利権も発生する。まあこんな感じです。少なくとも国内の差別問題に対して、マスメディアはほとんど機能していません。

▼メディアが先か、民度が先か

森 でもね、またここで森巣さんと論争になるかもしれないけれど、確かに日本のメディアには使用禁止用語がたくさんあるけれど、これはメディアだけの問題ではないんです。たとえばパソコンの日本語変換ソフト。僕はWORDだけど、他のソフトもほとんどは、「跛（びっこ）」、「片端（かたわ）」、「瞽（めくら）」、「躄（いざり）」、「傴僂（せむし）」、「支那」、「三国人」、これらの言葉を漢字に変換しません。だから、「かつて日本は中国を支那と呼んで侵略した」という文章は、そのままでは作れないわけです。

森巣 シンタロー先生は現在でも「支那」と呼んどります。

森　右翼の人たちはきっと、単語登録の機能を使うでしょう。確かにメディアは、公共の場に晒す媒体ですから、ある程度の言葉への配慮や抑制は、仕方がない部分があるとは思うんです。でも、ワープロやパソコンは、基本的には個人作業ですよね。少なくとも、ポリティカル・コレクトを強制される場ではない。パソコンはほんの一例ですが、自律的に無自覚に、……これ本来は相反する語彙ですけれど、不思議なことに一致しちゃうんです、自律的に無自覚に規制を進めてしまうこの体質は、とても日本的なメンタリティです。

森巣　そうやって「世論」が作られていく。

森　そしてこの延長に、今の日本のメディアがあるわけです。メディアというものは、民度やメンタリティと、地続きですから。

森巣　しかし、民度というのは、ほとんどメディアによって作られるものでしょう。

森　メディアと民度、どちらが先かというと、難しい問題です。たとえば日本が戦争へと突き進んだ昭和初期、新聞が民意を戦意高揚へと誘ったかといえば、そうとばかりは言い切れない。当時のマスメディアといえば、朝日と東京日日（現在の毎日）新聞でした。最初は二紙とも、日中戦争に対しては極めて抑制的でした。ところがある時期から、在郷軍人会の不買運動などを契機に、日日が微妙に論調を変えた。要するに戦争容認の気配を打ち出したんです。途端に部数が跳ね上がった。そこで朝日も、少しずつではあるけれど、路線を変えて、それによって日日がまた少しだけ過激になって、ということを繰り返して、気がついたときは「肉弾三勇士」や「百人斬り」など、両紙とも翼賛報道一色になっていました。これに並行して、軍部の統制や検閲が始まった。

　要するに自然淘汰です。環境に適応しているうちにイケイケになってしまったわけです。いずれにせよ、新聞によって民意は刺激され、その高揚した民意に応えるべく、新聞はさらにエスカレートするという循環構造にはまってしまったことは事実ですから、これをどっちが断ち切れるかというと……。

森巣　今からでも遅くないと、希望をこめて考えるとき、メディア主導でしか民度は、上がりっこないと考えます。

森　……確かにそうですね。どっちも至難ではあるけれど、民意が自発的に変わる可能性よりも、メディアが変わることのほうが、現実味はありますね。といってもやはり自発的には無理でしょう。方法としては、たとえば外資を参入させるとか。先ほど話したけれど、ライブドア騒動のときは、日本の放送メディアは、かつて自分たちが銀行を嘲笑《ちょうしょう》した護送船団方式そのままで守られているんだなあと、つくづく思いました。

森巣　片方だけ悪くなったり、片方だけよくなるということはあり得ない。自覚がないから、日本はこの体《てい》たらく。

森　今の日本は、明らかに下降線の弁証法です。

▼表記統一——サダムがやると拷問、アメリカ軍がやると虐待

森巣　米軍によるイラクでの捕虜拷問事件でも、メディアの無自覚な言葉への態度が表れました。同じ刑務所で、同じ方法が使われていても、サダームがやると拷問、アメリカ軍がやると虐待。

森　その問題については、僕もいくつかの媒体に書きました。まったく同感です。ちょうどアブグレイブ刑務所の問題が話題になっていた時期に、アメリカにいたんです。アメリカのメディアは、torture（拷問）とill-treatment（虐待）が入り乱れていて、まったく統一されていなかった。帰国してから日本のメディアはすべて「虐待」に揃えられていることに驚きました。

森巣　サダームのときは、torture とはっきりと書いてありました。米軍による事件が発覚した最初のときは、ill-treatmentと報道された。その後、変わります。私は、オーストラリアのテレビはＡＢＣ、アメリカの新聞は「ニューヨークタイムズ」しか検索しないのですが、その後、ほとんどがtortureの表記となりました。

森　目論見《もくろみ》があって、身体的ストレスを加える。これは用語としては虐待ではなくて拷問です。

森巣　国際法的にも明らかに拷問です。国際法的に問題があると、アメリカの首脳部でさえ言っていますから。自白や情報を得るために行う組織的、構造的な虐待は、拷問です。それなのに、なぜか、日本のメディアでは、すべてが虐待のまま。

森　本当にねえ。こういうときは見事に足並みが揃う。

森巣　「産經新聞」ぐらいちゃんと書けって（笑）。

森　謀略史観的な発想はしないほうがいいけれど、何らかの圧力が働いているのかと勘ぐりたくなりますね。

森巣　政府の発表の中にそういう表記があって、一回発表されたことだから、無自覚にずっとその表記で通しているだけなのではないですかね。

森　まあ、そのあたりでしょうね。無自覚な自縄自縛です。自民党が、拷問という言葉を使わないようにとお触れを出しているわけではないでしょう。

森巣　最初の発表のときに、メディアに質問する能力がなかった。つまり無知だった。それだけかもしれません。

森　アメリカも、最初はみんな虐待と書いていた。しかし、途中から、これは違うだろうということで記述を変えた。そうやって発想が変化してくるはずなのに、日本のメディアは、まったく機能していない。それは政府の圧力云々ではなく、自分で考える力というものが明らかに弱まってきている表れです。

森巣　言葉の問題が出ましたから、ついでに言いますが、「讀賣新聞」は「アル・カーイダ」と書いています。恐らく、イスラムとイスラームというのを参考にして、そう表記しているのでしょうが、より正確に表記しようとするのなら、「アルカイーダ」が本来の発音に近いですね。それが「アル・カーイダ」になっちゃった（笑）。より正確に表記しようと思うのなら、現地の人たちが話しているのを一回聞けばわかるのに。
森　だいたいが、「オウム（アーレフに改称）」という表記も妙ですよね。そういえば一度、朝日で、オウムについて寄稿したとき、「信者」を「信徒」に直してくれと言われたことがあります。オウム本来の用語としては、「信徒」は出家信者ではなく在家信者を意味するんです。そう説明したのだけどダメでした。朝日ではずっと、「信者」を「信徒」と表記しているからということでした。
森巣　そうですか（笑）。事実より社内ルール優先。私も朝日新聞ともめたことがあった。私の仕事場のことを「カシノ」と書いたら、「カジノ」と直されてしまう。日本と韓国以外で一人でもCASINOのことを「カジノ」と呼ぶ奴を見つけてきてくれ、と言ったのですが、通りませんでした。「社内の表記では、カジノです」という主張が勝ちました。でも、最初に間違った表記がなされたから、ずっとそれで通すんだ、というのも大変おかしな考え方ですよね。
森　習慣化して、無自覚で、意図もないことがいちばん危険なんです。むしろ、確信犯で、日本を軍国主義にしてしまえという意図があるほうが、対処しやすいし、後ろめたさもあるだけ、抑制がきっと働きます。作為や意図の欠落は、善意に共通する部分があって、暴走するんです。今、メディアの言葉の使い方に、この無自覚性が確かに表出してきています。
森巣　「犯罪」を「不祥事」と呼び換える方法とか。
森　あとは「日米同盟」ですね。正確には「日米安全保障条約」。英語でも表記は「Treaty」

（条約）です。「alliance」（同盟）の文字などどこにもない。以前は条約、もしくは協定と呼称していたはずが、いつのまにか「同盟」という軍事的なニュアンスを強調する呼称が当たり前になってしまった。言葉がなし崩しに使用される例としては、最近では「テロ」も挙げられます。

森巣　「テロ」はちょっと酷《ひど》すぎる。たとえば、イラクでの人質事件のとき、「テロ」には屈しないという。国際法上認められた二つの戦争があって、一つは、集団安全保障権。つまり、弱い国が攻撃されたときの集団的自衛の戦争。もう一つは、自国を侵略された場合のレジスタンス。これは国際法上認められた戦争なんです。そこで行われることは「テロ」とは呼びません。レジスタンス——抵抗と呼ぶ。だから、「テロ」には屈しようがないんです。「テロ」ではないのだから。当時、イラクで起こっていたのは、国際法上は「レジスタンス」の戦争だったのですね。

森　ロンドンの地下鉄テロが起きたとき、ブレア、ブッシュ、小泉の三人が、「テロには屈しない」とか「テロを許すわけにはゆかない」などと揃って発言しました。誰も「許せ」などと言ってません。実に空虚なステートメントです。この慣用句の使用を禁じるべきだと思いました。

▼国益という言葉のマジック

森　少し古い話になるけれど、訪朝した小泉首相が二五万トンの米を支援することを約束したことに対して、ワイドショーから何から何まで全部、「カードを早く切りすぎた」とか、「この最後の切り札を云々」式の表現が蔓延しました。まるで一億総外交評論家のようでした。

森巣　二五万トンばかりの米なんて、援助上では、チキンシット、つまり鶏糞と呼びます。

森　これほどの飽食の国に暮らしながら、子供が飢えて死んでいる隣の国に対して支援することに、なぜ「カード」だの「駆け引き」だのとの言葉が流通するのでしょう。外交関係者が密室で使うはずの言葉が、急速に社会に拡散している。「国益」なんかはその代表でしょうけれど。誰もが公の言葉で語りたがり、その過程に並行するかのように、言葉が内実をどんどん失いつつある。

森巣　本気で金正日体制をつぶすのなら、それほど難しくないはずです。日本で、法律通りにパチンコの換金を取り締まればよろしい。これでかなり、あの体制はダメージを受けます。何も新しい法律を作れと言っているわけではない。現在ある法律を、その文面通り適用してくださいというだけです。でもそこには警察利権が絡むから、誰も何も言わない。それで、二五万トンばかりの米が問題となったのでしょうね。先ほどの森さんのお話に繋げると、視聴者が欲しいものを、メディアは作っていく。でも、その視聴者が欲しいと思うものを作ったのは、実はメディアでしょう。

森　視聴者は、形にならないニーズを欲望して、それに対してメディアが形を与えるわけです。

森巣　やはり世論を誘導している。

森　しかし、世論もメディアを誘導している部分があります。私は基本的に純粋な「世論」なんてものは存在しないという立場です。「世論」は都合よく操作されてる。

森巣　「世論」というのは難しい問題だと思います。

森　……確かに。でもこの操作が、世論に迎合した形で表れるんですよね。こうなるともう、日本中が宮崎駿《はやお》の「カオナシ」みたいなことになってしまう。国益もそうでしょう。誰もが口にするけれど、でもその内実を、誰も踏み込んで考えていない。

森巣　国益というのは簡単で、チューサン階級的に言えば、永田町益、霞が関益です。本気で国益というのなら、永田町と霞が関の奴らが腹を切ればいい。国民一人当たり一千万円の借金を背負わせたのは、彼ら彼女らです。そんな当たり前のことを、なんでメディアは言わないのか。

　サービス残業を含めて一日十何時間も働いて、疲れて家に帰ってきて、確かに難しいものは読めません。どうしても「日刊ゲンダイ」とか「東京スポーツ」となってしまう。あとは、テレビのバカ番組か、格闘技みたいな娯楽を見ながらビール飲んで寝ちゃう。それでも、さまざまな役割がそれぞれのメディアにはあります。それに自覚的にならなければ、近い将来、日本は奈落です。

▼二度目の質問が出てこない——香田証生さん殺害事件後の小泉首相へのインタビュー

森巣　たとえば、首相官邸などに質問できる記者を、なぜ置かないのか。あるいは、質問できる、すなわち無知じゃない連中は現場から外されてしまうのではなかろうか、と私は疑っています。

森　香田証生《こうだしょうせい》さんがバグダッドで武装勢力に拘束されたとの一報が入ったとき、小泉が初期の段階で、自衛隊の撤退はしないと明言した。その結果、彼の処刑が早まったのではないかとの声が、少しだけ高まった時期があって、小泉のぶら下がりの記者会見がいつものようにテレビで放送されたとき、記者の一人が、「最初に自衛隊撤退はないと言ってしまったために、香田さんの処刑が早まったのではないかという声があります」と言ったんです。そこまではよし。将棋に喩えれば、王手飛車取り。

　ところがこれに対して小泉は、「それでは皆さん、想像してください。もし私があのとき、撤退という言葉を口にしたり、仄《ほの》めかしたりしたら、どうなっていたかを」と言ったんです。森巣さん、権力と対峙すべきメディアとしては、ここからですよね。だって王手なのに飛車が逃げたようなものでしょう。

森巣　なるほど。森さん、将棋は得意ですか。

森　ほとんど知りません。このあいだ小三の長男に負けました。それはともかく、小泉のこの質問に対して、周囲を囲んでいた記者は何と言ったか。誰一人答えない。記者会見の映像もそこで終わり。

森巣　なんでそこで終わるのですか。

森　小泉のこの挑発的な言葉に対しては、「もちろん処刑は遅らせることができたかもしれないし、交渉によっては、彼の命を救えたかもしれませんよ」と言えますよね。普通ならそう言う。ところがテレビでは、小泉のその言葉のあとに一瞬の間を置いてから、記者たちの頷《うなず》きの吐息が聞こえてきました。そこで映像は終わり、次の瞬間には別のニュースです。

あの瞬間、テレビの前で、記者たちと同じように、思わず頷きの吐息を洩《も》らしてしまった人は少なくないでしょう。まあ小泉としては、卑劣なテロに屈すべきではないとか、アメリカとの関係が悪化するとか、そんなお粗末な逃げ道を想定しての言葉でしょう。論理の次元のすり替えです。このレベルなど、本来ならいくらでも論破できる。というか、メディアはせねばならない。相手はこの国の最高指導者なのだから。

明確な王手なのに王を詰めない。その緊張感が見事に欠落している。詰むという発想がないのかもしれない。完全になめられている。しかもその、思考や洞察がないままに迎合する雰囲気だけが、メディアを媒介に日本中に増幅して伝播《でんぱ》する。

森巣　ジャーナリストというのは、結構学校で成績がいい人がなっているはずです。やはり文部省（当時）の「考えさせない」教育の成果なのかな。

森　偏差値は水準以上ではあると思うのだけど、質問しただけで終わっている。もしかしたら、一応そういった意思表示をしたということだけで、満足してしまっているのかもしれない。権力を監視しなくてはいけないという意識が多少でも残っている人なら、「小泉さん、ちょっと違うのではないですか」という言葉が出てくるはずですよ。

森巣　それはもう、権力を監視するなんてレベルの話ではないですね。もっと、基本的な部分での問題です。私の知る権利を代行するべく、第四の権力として、少しは機能してくれと、そうでないのなら、即刻辞めてくれ。

森　代行しようとして、一応、聞くことは聞きました。結局、それだけで終わっている。そういった姿勢を示したというポーズにしか過ぎない。あるいは、それすら意識しているかどうかも怪しいですね。

森巣　私には、いくつもの質問がある。もっと聞きたいことがある。それにもかかわらず、それを代行してくれない。私は生涯の大半をイギリスとオーストラリアで送りました。最近はあまり見かけなくなったのですが、昔はよくジャーナリストが政府関係者たちを怒鳴りつけていました。質問をはぐらかすようないい加減な返答をすると、相手が首相であろうと官房長官であろうと、ジャーナリストが怒るのです。

当然です。それは、ジャーナリスト個人の資質が邪悪だとか凶暴であるとかを意味しません。連中は、国民を代表して質問しているのです。だから失礼な質問をしても構わない。国民はその答えを聞いて、いろいろと判断する。それがジャーナリストの役割なのですよ。

第三章　見せないメディア

▼薬害エイズ問題を知っていながら書かなかった、厚生省記者クラブの記者

森巣　やっぱりメディアの連中の給料を2ちゃんねるで憎悪の書き込みする連中のレベルにして、研修期間に、塀の内側で一度しゃがんでもらうとか。もっとも、刑務所内では、昔は朝日を読めたのに、現在は讀賣しか読めなくなってしまったらしい。一〇〇〇万部の秘密の小さな部分ですが（笑）。

森　結局、そこに行き着いてしまう（笑）。まあでも、確かにカンフルは必要でしょうね。外資が業界に参入するとか、給与を中小企業並みに下げるとか、どちらも有効かもしれません。ともあれ、常套句《じょうとうく》的な思考停止の繰り返しが、他者への想像力の喪失へと繋がり、同時に浮上してくるのが、社会正義といった表面的な標識にしがみつこうとする姿勢です。

先ほど森巣さんは、ジャーナリストが政府関係者を怒鳴りつけるような気概が消えていると嘆いたけれど、鳥インフルエンザ騒動の際に、感染を認知していながら放置した浅田農産の会長は、記者会見で罵詈雑言《ばりぞうごん》に近い詰問で追い詰められ、結局は妻と自殺しました。JR西日本の脱線事故の際も、記者たちはJRの幹部に、罵声を浴びせかけた。要するに弱者には強い。さすがに視聴者からあまりに見苦しいとの抗議があったらしく、讀賣は紙面で謝罪しましたね。でもテレビでは、路上を歩いている幹部に、「あなた今、ポケットに手を入れて歩いてましたね」と突っかかった記者がいましたよ。

公正中立・不偏不党を臆面もなく信じ込むことで、絶対的な正義が憑依しちゃっているとしか思えない。まるで報道機関ではなくて懲罰機関です。

森巣 相手が、失敗して転んだとわかると叩き始める。霞が関や永田町の中には、明らかに有罪だとわかっている連中がいるにもかかわらず、まだ立ったままだから叩こうとしない。

森 薬害エイズ問題がクローズアップされたとき、旧知の厚生省記者クラブの記者から、俺たちは、あんなのみんな知ってたよって言われたことがあります。

森巣 それをなんで書かないのかがわからない。書くのがジャーナリストでしょう。

森 そんな例はいくらでもあります。『A』に描かれた公安警察の不当逮捕についても、あんな場面など何度も見たし、撮ったこともあると自慢げに言ったテレビの報道番組のスタッフがいます。もちろんその撮った映像はオンエアしない。特に最近顕著だけど、人なり組織なりが不祥事を起こした瞬間に、どっと集中砲火を浴びますよね。西武の堤義明が逮捕されたときも、西武叩きが一斉に始まった。それまでは知っていたけれど書かなかったり放送しなかったことを、警察や検察のお墨付きをもらったとばかりに棚卸しをしているんです。お墨付きがなければそのままです。西武が相当に悪辣なことを裏でしていることなど、経済紙・誌の記者でなくとも誰もが知っていたことです。

自由であることに対しての不安が――人間全般のものかもしれないとも思いますが、日本人全般の気質として、特に強いような気がします。この不安が、自由で放埒《ほうらつ》な報道を抑制しているのかもしれませんね。枠がないと不安なんです。

放送禁止歌という、日本独特のジャンルがシンボリックです。憲法第二一条と放送法第三条は、ある意味で無制限の自由と裁量をメディアに与えている。ところがこれに耐えられないんです。どこかで規制してほしい。この線からこっちは来ちゃだめだと制限されれば、少なくとも線の内側は安全だよと保障されることと同義ですから。そこでやっと安心できる。哀しいけれど、そんな意識は間違いなく働いています。

森巣　みんなマゾなんやな。お願い、縛って、叩いて、というやつ。

森　報道に携わることの意味と意義を深く考えないままに、無自覚に仕事をこなし続ける。その帰結として、特権意識だけは肥大しながら、獲得したはずの自由を抑制しようという矛盾した意識が働いてしまっている。

森巣　自分で考えるトレーニングができていない。せっかく優秀な人たちを採用するわけですから、テレビ局や、大新聞社や大出版社は、そこいらへんを教育できないのかな。

森　そもそも既存の大メディアに、その教育をできる人がいない。いたとしても、そんな人は組織人としては絶対に優秀ではないから、窓際か弾きだされているか、とにかく教育や研修のポジションには就けないでしょうね。結局は、企業ジャーナリズムの限界なんです。

森巣　それでも、そこを直していかないとどうしようもない。

森　森巣さんが指摘するように、高収入によって醸成される保守性が今のメディアのスポイルの大きな要因だとしたら、その既得権益を自発的に捨てさせることができるかどうかは疑問です。やはり外圧がないと……。

森巣　しかし、それなら庶民の味方みたいな面《つら》するなと。年に三〇〇〇万円近くも取っておいて、自分の使命を果たさず、夜は会社の金で酒飲んで、「領収書切ってね。あっ、日付は入れないで」なんて言うのですよ（笑）。だからやっぱり給料を、一五分の一にせいと。

森　森巣さん、減額の割合がどんどん増えてますすよ（笑）。

▼私人と公人の境界——「週刊文春」の田中眞紀子の娘の記事に関して

森　多数派が抱く「知りたい」との欲情に応えることは、良いか悪いかは別にして、メディアの重要な機能の一つです。

森巣　みんなが見たいとメディアが想像しているものを見せる。

森　そういう定義のほうが確かに正確ですね。「週刊文春」の田中眞紀子の娘の記事に、東京地裁が出版禁止の仮処分命令を下したとき、これを批判するメディアの論陣の大きな柱になったのは、公共性や公益性でした。記事に公共性・公益性があるかぎりは、これを絶対侵害すべきではないという柱。もう一つは、私人と公人の問題です。政治家の子供だから公人であり、公人であるかぎりはプライバシーはある程度まで明かしてもいいという、この二つがメディアにとっての論陣の柱だったんです。でも、僕は二つとも、危ういなと思っていました。

ドキュメンタリーを撮る僕自身の経験からすると、カメラの前にいれば公人や私人の線引きなどできません。また映像にこだわらなくとも、もしも政治家の娘が公人であるならば、三親等はどうで、四親等はどうなのか。誰がその線を引くのか。世襲の可能性があるかぎりは準公人と書いた雑誌もあったけれど、その可能性は誰が判定するのか？　さらに、報道を生業《なりわい》にする人は公人じゃないかとの論議もあったけれど、売れない映画監督やフリーライターはどうなるのか？　とにかく境界がどんどん溶解しながら、際限がなくなってしまう。

先ごろ休刊した「噂の眞相」は、公人は攻撃するが私人は一切攻撃しないということを信条にしていたけれど、本来は曖昧な領域をこうしてマニュアル化することの副作用や危険性は、きっと出てきます。まあ実際には、一つひとつのケースで悩みながら決めてゆくしかないし、実際に「噂の眞相」の編集部も、そうしていたと思うのだけど、でも文春の騒動の際には、あたかもそんな基準が既存のものとして存在しているかのような論調がとても多くて、それが気になりました。

公共性・公益性についても同様で、誰がそれを決めるのかということが、常について回るんです。少なくとも、胸を張って大声で言えることじゃない。こんな気恥ずかしい言葉を、僕はとてもじゃないけれど、素面《しらふ》じゃ口にできません。

今のメディアについての問題を突き詰めていくと、本来は自分たちが主体的に決定すべきことを、誰かがどこかで決めてくれるとの発想があって、しかもこの自覚がないことの危うさに、メディア自身がまったく気づいてないことにあるんです。

森巣　公益性といった場合、それは「われわれ」の利益です。一方、その公益性の強調によって、損害を受ける人たちも必ずいる。それが「かれら」です。簡単にまとめれば国民・非国民の論理です。オウムの場合が、その突出したいい例だったと思います。

▼「オウムの信者が笑っている顔を、なんで流すんだ」という抗議

森巣　たとえば、オウムに監視がつきます。それに対する批判というものはなかったのですか。

森　監視小屋に対しての批判は、少なくともマスメディアにはほとんど流通しなかったでしょう。

森巣　彼ら彼女らは、ある特定の宗教を信じているだけで、ほとんどの人は犯罪を犯したわけ

ではなかった。すなわち日本国憲法で保障されている「信仰の自由」の実践者です。ところが、その集団を監視して、さらに、その子供たちの就学権まで奪ってしまう。そんな露骨に人権を侵害するケースがありながら、そしてメディアはそこにいるにもかかわらず、彼ら彼女らの人権を守らないわけです。監視小屋側の立ち位置から、地元住民がどれだけ怖がっているかを報道する。本末転倒もいいところじゃないですか。もし日本が法治国家だとするのなら、むしろ、監視小屋の存在が法律違反なのだとして告発すべきです。

森　地域住民が自発的に作るのなら、一概に違法とは断言できません。でも現在オウムの本拠地があるといわれる世田谷区は、区が率先して監視小屋を作り、職員が監視業務につき、「オウム出ていけ」の垂れ幕を作っています。当然ながらその費用は公金ですね。これは違法のレベルではなくて、明確な憲法違反です。でもそれを言い出すと、オウムという特定の組織を標的にした団体規制法がすでに、あっさりと憲法を逸脱していますから。

森巣　監視小屋なんて、明らかに人権蹂躙《じゅうりん》の装置ですね。出入りを全部チェックされ、荷物まで調べられる。メディアが、そういう存在を許してしまう。なぜなのでしょう。

森　みんながそれを望んでいるからです。

森巣　望んでいると想像するからでしょう。

森　実際望んでいます。テレビ朝日の『ザ・スクープ』という番組に一度出たことがあるんです。『A2』を撮っていた最中でした。番組側の意向は明らかで、出所したばかりの上祐《じょうゆう》史浩幹部の顔を映像で出したいということでした。当時、オウム施設を自由に行き来して撮影しているのは、僕だけでしたから。撮影済みの素材から、一〇分間のテレビ・ヴァージョンをダイジェストで編集して放送しました。

　本当は、二時間の作品として見せるためにやっているわけで、一〇分間だけ小出しにするということについては、だいぶ抵抗があったんです。でもその生理を捻《ね》じ伏せました。『A』を公開したときに、テレビからはほとんど黙殺されたし、興行も決して成功とはいえなかった。その失敗を繰り返したくなかったんです。まあ要するに下心ですね。でもやっぱり、下心はろくなことにはならない。オウムの信者が横浜の施設で、食事しているシーンとか、上祐さんも含めて談笑したりといったシーンを中心にダイジェストにして、オンエアしたんです。でもその放送が始まってすぐに、膨大な抗議の電話がテレビ朝日にきたらしいです。

森巣　えっ？

森　オウムの信者が笑っている顔を、なんでテレビ朝日は流すんだって。

森巣　はははは。彼ら彼女らだって、それはメシは食うし笑うでしょうよ。

森　被害者の遺族がこれを見たときのことを考えろという理屈らしい。

森巣　わからないのは、なんであんなに被害者に感情移入するんですかね。あたかも自分が被害者みたいになって社会正義を叫ぶでしょう。一方、たとえば従軍慰安婦となった被害者たちは無視する。

森　主語がないんです。『A』や『A2』に対する批判って、実は意外に少ないのですが、やはりこのテレビ朝日への抗議と共通するところがあって、「もし被害者やその遺族がこれを見たら、どう思うかを考えろ、お前はその責任取れるのか」式の批判です。一度だけ、上映会場でその疑問をぶつけてきた人がいたので、「あなたは被害者ではないのだから、あなたはどう思ったのかを僕はまず聞きたい」と質問し返したら、答えてくれないんです。……何というか、そんなことは考えたこともないといった感じで、とにかく被害者が……の一点張りなんです。

森巣　被害者がどう思っても仕方がないという部分がなければ、報道なんてできない。

森　実際、地下鉄サリン事件の被害者やその遺族などで観てくれた人も、僕の知っているかぎりでも何人かいます。やっぱりオウムは許せないという人もいれば、感動しましたと言ってくれる人もいる。さまざまです。当たり前です。

森巣　森さんがおっしゃったことで、一つの重要な論点が浮かび上がりました。相手を知らないゆえに憎悪しているという点。だからこそ、知りたくないわけですよね。

森　そうですね。知ってしまったら憎悪できなくなってしまう。それをどこかで感知してしまうから、目をそむけてしまうのかもしれない。まあ、オウムの場合はこれに加えて、彼らに対しての嫌悪が突出して強いですから。それも含めて考えねばならないとは思うけれど。

森巣　知ったらなかなか憎悪できない。だから、恣意的に知らないままとしておく。

▼写すべきか、助けるべきか――自殺したピュリッツァー賞カメラマン

森　『A２』の撮影中、人権派の団体が主催する麻原の子供たちの就学問題についての集会が、彼らが住んでいた竜ヶ崎であって、撮影に行ったんです。でも行ってみたら、市民のために開催されたシンポジウムにもかかわらず、市民はほとんど来なくて、評論家や、大学教授やら、人権団体の支援者ばかりの集まりになっている。

その地に居住する麻原の子供たちは、全員そこに来ていました。五歳と七歳になる二人の男の子は、シンポジウムの間中、椅子に座ってずっと『ドラえもん』を読んでいました。無理もないですよね。そんな小さな子供にとっては、人権がどうのって言われても、退屈でしょうがないわけです。それは断然『ドラえもん』のほうが楽しい。隣に座るお姉ちゃんが、確か彼女は当時九歳くらいかな、周囲の目を気にして、小声で「読んじゃ駄目よ」とか一所懸命に言い聞かせている。実に普通の光景です。会場には家族の排斥を訴える市民や市会議員も数人だけいました。彼らのすぐ目の前で、幼い子供たちがそうやって座っている。でもどうやらその光景が彼らの目には入らない。

「不気味な存在」と市会議員が発言したときには、僕は切れました。不気味と思うなら、知る努力をすればよい。何よりも今、あなたのすぐ目の前にその不気味なはずの子供たちがいるじゃないか。彼らだって本当はこんな場に来たくない。でも我慢して来ている。みんなに見てもらおうと覚悟して来ている。それなのにあなたはさっきから、視線すら向けようとしない。そ

れで不気味などとどうして口にできるのだろう？

森巣　ご本によれば、森さんは、そこで撮影止めて発言したのですよね。発言するかしないか、それも難しい。飢えで倒れた少女を襲おうとしている「ハゲワシと少女」の写真。なんであのカメラマンは少女を助けないんだと問題になりました。

森　ケビン・カーターは、その写真でピュリッツァー賞を受賞しました。ところがその後、批判や抗議が世界的に高まってしまって……。

森巣　自殺してしまった。

森　遺書も残していなかったし、原因は定かではありません。ただ、写真を見て明らかなことは、少女と鳥の距離は結構あって、そこまで切迫した状況じゃないことです。撮ったあとでも助けられると思う。

森巣　でも、カメラを捨てて助けるべきですか。

森　解答はない、というのが僕の答えです。撮るべきか、助けるべきか。どちらも正解だし、現場にいるその人が決めることです。

　この少女が犠牲になるかもしれないけど、写真を撮ることによって、スーダンの悲惨な飢餓の現状が世界中に伝わるかもしれないという利点も間違いなくある。だからといって、カメラマンというよりも人間として、目の前の少女の命を見過ごせないという感情だって当然ある。どちらも間違っていないと思います。その状況に実際に介在したその人が決めることであって、周りがとやかく言うことではないというのが僕の結論です。まあ意見を言うのは勝手だけど、でも少なくとも、正しいか間違っているか式の二項対立には解がないと思っています。

ドキュメンタリー映画『戦場のフォトグラファー』は、キャパを継ぐ戦場写真家として有名な、ジェームズ・ナクトウェイを被写体にした作品です。独自の視点で、戦争や虐殺などの写真を撮りながら、修行僧のようにストイックで物静かな男です。インタビューでナクトウェイは、「この悲惨な戦争を目の前にすれば、誰もがこんな最悪の営みは終わらせたいと思うはずだ。でも一般の人は戦争を見ることができない。だから自分は写真を撮る。撮って知ってもらう」とはっきりと宣言しています。僕も仕事柄、戦場ジャーナリストやカメラマンの友人は多いけれど、全員に共通していることは、一刻も早く戦争を終わらせたいと願っていることです。当たり前です。実際に見れば、体験すれば、最悪の営みであることは誰でも感知します。ところが「日本も軍隊を持つべきだ」とか、「戦争はやむをえないときがある」などと口にする人は、自民党の二世三世議員が好例だけど、戦争を知りません。知らない人ほど勇ましく、声高になります。石原慎太郎や西村眞悟あたりは、一ケ月ほどバグダッドで生活してみればよい。

『戦場のフォトグラファー』の冒頭は、爆撃で家族を失って泣き叫ぶ母親たちのアップを、近距離から執拗に撮るナクトウェイで始まります。実に怜悧《れいり》で無慈悲な光景です。でも、劇中で彼の友人が明かすんですが、彼が被写体にしていた住民が目の前で虐殺されかけたとき、ナクトウェイはカメラを放り出して、「助けてやってくれ」って命乞いをしたらしい。結局は助けられなかったようだけど、ナクトウェイはそのことを、自分では決して語らない。

　おそらく大ベテランの彼でさえ、悩み、煩悶し、葛藤し続けているんです。結論など出ません。方程式などない。悩み続けることがジャーナリストの仕事です。なぜなら現実は、人間ごときに解析できるほどに単純ではありません。僕はジャーナリストじゃないけれど、でも取材や撮影の過程で、現実に対峙せねばならない局面は同様にありました。マニュアル化なんてできません。ケース・バイ・ケースで決めてゆくしかない。人が違えば答えは違うんです。森巣さんはどうですか、助けるべきだと思いますか。

森巣　私は感情の量が多いから助けてしまうほうだろうと思います。それで報道側の人間にはなれない。露骨に主観、主語が重要な人間で「私は」ですから。

森　ということは、森巣さんの基調は、論理ではなく情動ですね。

森巣　ええ（笑）。ただし、それゆえ私は論理で身を律しようとする部分がある。まったくの矛盾した存在です。闘うとしたら、ゲリラ戦です。負ける勝負はしたくない。それははっきりと自覚している。

▼意外と普通ですね

森巣　麻原やオウムの問題、あるいは監視、中国人犯罪、とにかく何でも、怖いと報道することによって、その怖さを増幅させる機能がメディアにはあります。それは恐怖政治――恐怖を利用した政治なんです。国民を恐怖で統合し、支配しやすいコミュニティを作り上げる。そして、フェンスを周囲に張り巡らす。フェンス内では、安全な生活ができる。フェンスの外側にいるのは非国民。まったくの幻想ですね。そうやって差別化して、コミュニティを作る。しかし、そのコミュニティというのは、いかようにも下位区分が可能です。

日本の場合、まず、日本人と、それから抜け落ちるアイヌとか沖縄の人、在日の人たちの間に、まず障壁を作る。その次は、北海道民とか阪神ファンとか何とか、いろいろできます。立教OBとか（笑）、何でもいい。いかようにも下位区分が可能である。じゃ、中心に向かうと何があるのか？　天皇を中心とした国体というものなのかなと。

森　下位区分の基本として、かつては家族制度というものがありました。一家族だけじゃなくて本家やら分家やら。そんなシステムが地域コミュニティの重要な要素でした。でも現在は、家族を共同体の基盤に置くことは、ちょっと無理があるのかな。

森巣　ちょっと無理でしょう。あと、故郷（ふるさと）というのもある。それで思い出したけど、佐藤勝巳なんかがやっている「救う会」（北朝鮮に拉致された日本人を救出するための全国協議会）の集会の最後に、必ず、「ウサギ追いしかの山」って、みんなで立って歌うんだって（笑）。

森　その昔、新左翼が集まったとき、最後に「インターナショナル」を歌っていたのと同じです（笑）。

森巣　佐藤は、元左翼ですしね（笑）。いい歳したおっさんやおばちゃんたちが、涙を流しながら小学唱歌を歌っている。無気味です。あれは報道すべきだと思う。だけど、故郷なんて嫌で嫌でたまらない連中もいっぱいいるわけです。必ずしもそれは「善」じゃない。森さんもそうだけど、いろいろなところを転々として、結局、故郷なんてない人もいるわけじゃないですか。私なんて、三ヶ月あそこにいて、二年ここにいて、というような生活をしてきた。

森　原風景の故郷はありますね。田舎で暮らすことが多かったから、山があって田んぼがあってみたいな、特定されたものではないですけど、郷愁みたいなものは、僕の中にもあります。だけど、「救う会」が「故郷」を歌うのであれば、帰ってきた拉致被害者の子供たちにとって、故郷は紛れもなく北朝鮮です。

森巣　日本で生まれていなくて、外国籍を持っていて、言葉も使えない国へ来ることを、帰国と呼ぶほうがおかしいのです。

森　あえて刺激的な言葉を使えば、子供たちにとっては拉致の側面だってあるかもしれない。

森巣　逆拉致。でも、それだと無知な、つまり問いを発せられない連中を刺激しすぎるから、訪問でいいんです。もっと酷いのは、「ジェンキンスさん帰国」なんて言って、一体どこをどうすりゃあ、あの人が日本に帰国するんだよ。ジェンキンスさんも、自分で考える人だろうから、帰国なんかできませんて言ったわけでしょ（笑）。

森　したくてもできない。こんな語彙が氾濫するその前提には、日本はこんなにいい国なんだ、それに比べて、北朝鮮はいびつな、貧しい、食うものもない独裁洗脳国家なんだ。だから、こっちに来れば天国なんだという前提があるんでしょうね。実際そうだろうとは僕も思うけれど、でもそこまで声高になるのもね。まあ言ってみれば、これも表層的な善意。だからこそ「帰国」という言葉の矛盾に気づかない。

森巣 個人の主観によって見方はまったく違いますから。蓮池薫さんが帰ってきた最初のころ、俺の二十数年間の朝鮮公民としての立場をどうするんだと言っていた。それが少しずつ変わる。たまたま、私が日本にいたとき、テレビで見たのですが、蓮池さんの兄が、弟はやっと日本人らしくなってきたと言った。そうしたら、日本人になったと言っていますと、ドカーンと赤いテロップが出た（笑）。

森 強烈ですね。拉致被害者が帰ってきたときも面白かった。全テレビ局が中継していましたけど、飛行機のタラップを彼らが降りてくるとき、レポーターはマイクを持ちながら、「普通です、普通の表情をしています」って言ったんです。家族と抱き合った瞬間に、「笑ってます」とも言いました。拉致議連の平沢勝栄議員もマイクを向けられて、「意外と普通ですね」って（笑）。とてもシンボリックな状況でした。北朝鮮に暮らす人たちは洗脳されて自分の意思や感情すらないと、いつのまにか思い込んでいたということなのでしょうね。

森巣 洗脳されているのは自分たちも同じだ、という当然の視点を欠落させているから、そういうアホなコメントができる。森さんがお書きになっているように、想像力を奪うことによって憎悪が始まる。そして戦争が起こる。まったくその通りです。

▼誰がニュースソースを提供しているのか――現場を忘れたジャーナリズム

森　米軍の侵攻の直前には、バグダッドからは日本のメディアは、ほとんど撤退して、残ったのは、アジアプレスの僕の友人や、フリージャーナリストばかりでした。その後、復興ということで一時的にバグダッドに戻ったけれど、やっぱり危険だってまたいなくなった。

別に体を張れとは言いません。危険だと思うのなら逃げればよい。実際には、現地に残りたいと希望する人もたくさんいたようです。でも帰国せよと社命が出るらしいです。少なくとも欧米のメディアに比べれば、この社命が出るタイミングが圧倒的に早いことは事実です。そして同時に、フリーのビデオジャーナリストたちが撮った映像や情報をベースにして、さも現地からの報告のように伝えています。新聞もそうですね。独自取材の文章のようだけど、最後に「アンマン」などと書かれている。

森巣　三面記事によくある何々がどうこうしたのが「わかった」というのと同じです。

森　「何とか筋からの情報によると、これこれがわかった」という、あれですね。普通、それは「わかった」とは言わない。「聞いた」ですよね。

森巣　教えられたとか、書けと警察に言われたとか（笑）。ジャーナリズムというのは、映像だけに限らず、本来は現場に行って、取材しなければならないものです。

森　ずっと撮ってきた実感ですが、たとえば、オウムの施設に始終行く番記者は決まっている。彼らのほとんどは、「オウムはもう何もできないし、善良な連中ばかりだとわかっています」と口にする。現場にいる警察官も、みんな同じことを言っている。それがいざ活字になったり、映像になったときは、相変わらず凶悪なオウムになってしまう。現場はわかっているはずなのに、それが組織の中で、いろいろな歯車やフィルターを通過するうちに、まったく違うものになって表出されてゆく。

森巣　そうすると、ジャーナリストとしての責任はどこに行ってしまうのでしょう。

森　会社に対する帰属意識や、他社との競争原理、もちろんこれに、マーケットからの市場原理も加わって、いろいろな要素が積み重なってくる結果、一つの方向性が形成される。言ってみれば帰属する組織の総意ですから、これに異議を唱えるという思考回路が機能しなくなるんです。

▼なぜ社内の意見が統一される必要があるのか

森巣　社内で、意見が分かれていてもいい、そのほうがよほど当たり前の状態であり、そうであるべきだと思います。イギリスの新聞「ガーディアン」の記事が好例ですね。

森　ＢＢＣも、個々の番組によって主張が違う場合がよくあります。

森巣　オーストラリアのＡＢＣは、『メディアウォッチ』という番組で、自社番組について、あいつは昔こういうことを言っていたくせに、という具合に昔の映像を放映しながら平然と同僚を批判する。

森 それは羨ましいなあ。やはり日本的企業体の論理が、メディアが内包すべきジャーナリズムの論理と相容れないんでしょうね。ジャーナリズムとしては、そういった多様性は、絶対に必要です。

森巣 なぜ、社内の意見が統一される必要があるのか。

森 それは、まず日本の旧態依然とした組織論があって、そういった多様性を排除することによって培われてきた素地があるのでしょう。異物をなかなか受け入れられない日本的コミュニティについて先ほど森巣さんが言及したけれど、企業にとっては、異論がこの異物に該当します。業態によっては、組織的統一が必要なこともあるかもしれないけれど、ジャーナリズムは、それでは困る。とにかく会社の論理が個の感覚や主張に優先してしまうことに、最大の問題があると思う。

森巣 ＳＢＳ（オーストラリアの少数者のための公営放送局）で、日本人の三人が、イラクで人質にとられたときの自己責任論についての番組が放送されました。「產經新聞」の編集委員か論説委員が出てきて、インタビューされたんです。ＳＢＳ側のインタビュアーが問い詰める、どうしてこれが自己責任になるのだと。あなたの考える自己責任とはいったいどんなものなのかと質問される。何てその編集委員か論説委員かは答えたと思いますか。ノーコメントって言いやがんの（笑）。これが、ジャーナリストの端くれなんですかね（笑）。

森巣　顔も出しながらですか。

森　もちろん。それまではそれなりに質問に答えていて、その部分も映っています。本当にこの人はバカじゃないかと思った（笑）。

森巣　いちばん大事な部分です。

森　あの番組は英語圏のさまざまな国で放映されたはずです。「産經新聞」の赤っ恥をさらした自分の自己責任はどこにあるんだろうって思う（笑）。ノーコメントって何ですか、それ（笑）。

森巣　日本でも放送すればいいのに。

▼大衆はバカであるといった設定――ゲリラの主張を流してはいけない

森　一九九六年の一二月、ペルーの日本大使公邸に、トゥパク・アマル革命運動のゲリラたちが人質をとって立てこもった事件がありました。テレビ朝日の系列会社のスタッフが占拠されている公邸に入って、彼らに取材をした。結局、その映像は公開されませんでした。

森巣　なんで？

森　ゲリラ側のプロパガンダになるというのが理由です。

森巣　ゲリラの主張を、そのまま映像に流してはいけないと……。

森　わからないでしょう。

森巣　うん、わからない。なんでまずいわけ。当然知りたいですよ、なぜ占拠したのか。

森　ゲリラの言い分を知りたいと思いますよね。当たり前です。

森巣　彼ら彼女らの意見や要求を知らなければ、それに応答しようがないじゃないですか。

森　同じような構図は、オウムの事件直後にもありました。逮捕前の上祐幹部など、教団関係者のインタビューを、一斉にテレビが自粛したことがあるんです。その理由は、彼らのインタビューを放送することによって、洗脳されると……。

森巣　誰が？

森　国民が。プロパガンダになると。

森巣　そんな国民をバカにした話はないですね。それじゃ、日本国民のことを、まるでバカだと思っているんだ。まあ、そうなめられても仕方ない部分もある。

森　僕が『A』を撮り始める少し前の状況です。本当に不思議です。聞いた話では、視聴者から「オウムの言い分ばかりを放送するな」とのクレームがあったようです。でもね、クレームがあったのなら、きちんと対処すればいい。あっさりと従ってしまうのが……、まあこれが市場原理なんですけれど、やっぱり不思議です。

森巣　筑紫哲也が、メディア、そして、ニュースキャスターというのは影響力が強い。だから、発言に気をつけろというようなアドバイスをよく受けるが、そういう言い方は、あたかもテレビがあめ細工のように、世論を構築できるという発想のもとにあり、そう言っている側の意識の底には、大衆はバカであるといった設定がある。影響力が強いのは確かだが、それは正しくないというようなことを発言した。

しかし、そう自覚しながら、「世論」という幻をやっぱり作ってしまう。報道すると影響を与える、プロパガンダになると思って、メディアが勝手に自粛する。確かに、大衆はバカじゃないかと思うことも多いのです。たとえば、バカじゃなかったら、なんで三〇〇万人の東京都民が「極右」のシンタローに投票するかと。これは間違いでしょうか。

森 その価値観としてはバカですね。

森巣 小泉が首相になったときも、八〇%以上が支持した。小泉に爆発的な人気が出たのは、「自民党をぶっ壊す」と言ったからです。ところが小泉が死にかけた自民党の息を吹き返させてしまった。ぶっ壊したのは、近隣諸国との関係だけ（笑）。その責任の大きな部分をマスコミが担っている。質問もしないで、発表をそのまま伝えるだけ。勝手に自粛するマスコミが誘導して、「世論」を作っている。違いますか。

森 確かにそうです。そういった意味で、あっけにとられたのは、タマちゃんです。

森巣 「タマちゃんを食べる会」を作ったでしょう（笑）。

森 朝日のコラムですか？　作ってません（笑）。あのコラムのタイトルは、原稿を読んだ「朝日新聞」の担当者がつけたんです。僕以上に大胆な人です。

森巣　作っていないんですか（笑）。あれはうまい、絶対にいいと思った。

森　反響多かったです。「僕はこれからタマちゃんを捕まえて食べる」と朝日新聞に書いたのだけど、あのときは、いろいろな人から電話や、メールをもらったりしました。メディア関係者が多くて、「いやあ森ちゃん、俺もあれ言いたかった、書きたかったよ」って一応みんな言うんです。じゃあ書けよと思うけどね。掲載後に北海道の加工品業者の方から、アザラシの缶詰が送られてきました。

それでね、タマちゃんと同じころに進行していたのが、白装束で一世を風靡《ふうび》したパナウェーブの報道です。片やアザラシに住民票を交付して写真集まで出版して、行政はタマちゃんシールを作るほどの過剰な善意、片や道交法違反だけのパナウェーブを、早く逮捕しろと大騒ぎする過剰な敵意。

森巣　私の解釈では、ああいうのをファシズムと呼びます。

▼プロ野球一リーグ制問題一色のメディア――イラク情勢悪化の最中に

森　二〇〇四年に、二週間ほど、モンゴルに行ったのだけど、ウランバートルではＮＨＫの放送が、たぶん相撲人気だと思うのだけど、ほぼオンタイムに近い状況で見ることができるんですね。ホテルの部屋で、一〇時のＮＨＫのニュースを、モンゴルの人たちと何度か一緒に見たんです。九月一一日を挟んで一週間ぐらいだったのですが、ＮＨＫのトップニュースはほとんど毎日、プロ野球の一リーグ制にかかわる、ストライキやらの話題。

森巣　日本の社会を考えるうえで、あれは画期的な事件だと思いましたよ。

森　毎日トップニュースで報道することですか？　あれは要するに企業の合理化です。

森巣　そうでした。

森　収支と雇用条件をめぐる労使の対立です。その意味では別に珍しくない。世相がこぞって選手を応援しました。何よりも問題なのは……。

森巣　画期的といったのは、まさにそこでした。現在の日本でストライキができるのは、プロ野球の選手しかいないのです（笑）。会社勤めの人間たちには権利はあってもできない。だからこそ、多くの人間がその動きを支持した。

森　確かにそうかもしれないですけど、毎日トップニュースがその問題というのは、いくらなんでもおかしいです。だって九・一一前後で、世界中でテロリズムが起き、また、その情勢についての報道が世界を覆っているような状況にもかかわらず、トップニュースから延々、プロ野球の話題ばかりです。一緒に見ていたモンゴル人も、たまりかねて三日目ぐらいに、森君、これはニュース番組なんだよねと（笑）。

森巣　NHKでもそうでしたから、民放はもっとひどかったのでしょうね。

森　民放は、見るまでもなく、スポーツニュース一色に近い状態だったでしょう。プロパガンダというのは、ある意図を持って情報をねじ曲げて報道して、煽動することです。メディアはそれすらできない。プロパガンダの意図すらない。誘導するのではなく……。

森巣　いや、初めのころは意図が存在していたと考えます。それが、今は、無自覚になってしまった。

森　無自覚には同意です。その大きな弊害として、報道の方向や質が問題になるのではなく、報道しないことで意図形成がなされているのではないかと思うのです。

森巣　知らせないこと、それはあります。これ、英語圏では、「無知の技術」と呼んでいる。

森　何かあったときに、責任を取りたくないから報道しない。だからプロパガンダほどの雄々しさはないんです。

森巣　責任を取りたくないメディアなんて、メディアではない。それこそ自己責任が必要じゃないのでしょうか。

森　テレビは、何千万人も視聴するわけで、間違えた場合は、とてつもないことになる。だから、みんなが萎縮している。そもそも責任は取りきれないものであり、大被害を与えるかもしれない稼業なのだとの自覚は必要です。もし何か間違ったとき、当然訂正はしますが、その訂正すらできないメディアとは、いったい何なのか。

森巣　訂正する可能性のあるようなことは、しないで済ませてしまいます。

森　極端に言うと、僕は謝罪しなくてもいいとも思っています。アメリカなんかそうです。昨日のニュースではこういった間違いがありましたと、当たり前のように報道している。メディアというのは間違えるものだという前提があるから、いちいち謝罪していません。日本の場合は、謝罪しなくてはいけないという思いがすごく強くある。だから、みんなが萎縮してしまう。

森巣　間違えるのは一種の権利だと思ってほしい。

森　権利であり、必然です。人間であれば、絶対間違いはあります。

森巣　それでも間違いをより少なくするために、当たり前の行為として、裏をとる努力をすべきなのですが、今は、多くのメディアの人間が裏をとらない。それでどうするかというと、大本営発表をそのまま書き写してジャーナリズムをやっている。そうすれば、自分に責任がかかってこないですから。責任は、発表した側にある。それで、取材もしないで、言う通りに書いている。その繰り返しがこの悲惨な現状を作り出している。いちばん危ないなと思うのは、ジャーナリストたちに自分たちで調べる能力がなくなってしまった。それでいながら、第四の権力なんて言って、当然のごとく、その特権だけはしっかりと食っちゃってる。不思議です。

▼天皇に会いたい

森巣　ところで森さんは、フジテレビで、日本国憲法のドキュメンタリーを制作中でしたね。たしか、森さんの担当が憲法一条で、是枝裕和さんが憲法九条だった。私のインタビューまで撮影していったけど、あれはどうなっているのですか？　わざわざ液晶テレビを買って待っていましたが、一向に放映されたと聞かない。床屋、いや理髪店に行って髪の毛も整えて、わざわざ新しい眼鏡もかけたのに（笑）。

森　……結論から言えば、ボツになりました。残念ながら森巣さんの出演はありません。

森巣　出演料は！（笑）。

森　今度昼飯をおごります（笑）。撮影は半分近く進んでいたのですが、この年明け早々に、編成の上層部から会って話がしたいという連絡を受け、「手法に違和感がある」と言われました。考えていた企画は、思いきり要約しちゃうと電波少年の天皇版です。ディレクターである僕自身が、天皇に会って話をするまでの過程をドキュメントにするつもりでした。でもフジテレビ側の主張は、どうせ天皇に会えないのだから、企画として破綻《はたん》している、と。

森巣　会えるかもしれませんよ。

森　僕も、今の天皇なら可能性はあると思っています。そもそも実際に会うかどうかは、不可欠の要素じゃないんです。長く不可視の領域に置かれている天皇制を、いかに可視化するかと同時に、主権者の一人である個人が、自らと国家の象徴である天皇に会いたいという気持ちをどう表出するか。そしてその狙いが、日本的な社会構造と今のメディア状況の中でどう砕け散るのか、あるいは成就するのか。いずれにせよその過程をドキュメントにすることで、充分作品としては成立したはずなんです。でもフジ側は、とにかく違和感があるの一点張りでした。一度は通った企画なのに、対応としては普通ではない。本当は別の理由があったのかもしれないけれど、とにかく放送する局側がダメだというのならどうしようもない。最終的にあきらめました。

森巣　天皇がその話を聞いたら、きっと「違和感が強制ではないということが望ましい」と、おっしゃいましたよ（笑）。

森　天皇の戦争責任に言及しようとしたＮＨＫの番組に対して政治家の圧力があったか否かなどと騒がれている時期で、しかもライブドアの買収劇の真っ只中でした。森喜朗など、憲法改正派の自民党議員たちは、フジテレビを応援していましたよね。憲法のシリーズ企画としては、相当にやりづらい時期だったことは事実です。

あとで聞いてみると、他のチームも相当なプレッシャーを受けていました。どちらかといえばリベラルなメンバーが集まったので、改憲反対のニュアンスを出すな、との意向はフジテレビサイドからあったようです。全員でやめようかとの意見も一時は出たほどです。でも最終的には僕だけが降りる形になりました。自主制作映画の形でやらないかとの誘いもその後に来たのだけど、天皇ドキュメントは、テレビという媒体でやることに意義を感じていたから、それは断りました。

……実はね、切り札もあったんです。知り合いの知り合いに今上天皇のそっくりさんがいるんです（笑）。もう本当に、背広を着せたら、ほとんど見分けがつかない。だからフジ側には、会えないから破綻していると言うのであれば、エンディングに僕の部屋の扉を誰かがノックして、開けると今上天皇がニコニコしながら立っていて、「お待たせしました。天皇です」と言わせるシーンを仕込みますと言ったのだけどダメでした（笑）。

森巣　天皇です、はない（笑）。きっと、「朕《ちん》です」（笑）。

森　今上天皇は「朕」を使わないいんです。

森巣　ああ、そうですよね。「私」だ。

森　まあ今のプランは半分は冗談ですが、ともかくもしも会えたのなら、僕は一つだけ質問するつもりでした。たった一言——おつらいでしょ？　って。それに対して彼が、「はい」なのか「いいえ」なのか、あるいはニコッとするのか考え込むのかはわからないけれど、その表情でエンディングにするつもりでした。

▼綿井健陽のドキュメンタリー

森　一九九四年のルワンダの虐殺のきっかけはメディアです。ラジオ放送が危機管理を煽《あお》ったために、長く緊張関係にあったツチ族とフツ族との殺し合いが始まりました。日本の戦争における民意形成にも、当時の新聞は大きな役割を果たしました。九・一一以降のアメリカのメディアが、愛国翼賛体制になってしまったがゆえに、いまだにフセインとアルカイダは結びついていると思い込んだままのアメリカ人は大勢います。これらはいうまでもなく、メディアの負の部分。

でも負があるのなら、きっと正もあるはずです。戦争を促進するのもメディアなら、人類が戦争という宿悪から解放される機能を持つものも、またメディアのはずだと僕は思っています。特に国家間の戦争から、武装勢力によるテロという新しい段階に世界が直面しつつある今、人類の生殺与奪を、メディアは握っています。

森巣　戦争というのは、人が人を殺すということです。今は、消毒された映像しか見せてくれない。湾岸戦争以降、徹底的なプランニングがなされ、メディアは権力側の都合のいいようにしか機能しなくなりつつある。

森　今年の春に公開されたドキュメンタリー映画『Little Birds　イラク戦火の家族たち』を監督したアジアプレスの綿井健陽《わたいたけはる》は、バグダッドでの取材映像を、テレビ朝日やＴＢＳに売るフリーランスのビデオジャーナリストです。彼が撮ったその映像素材を編集して、テレビ朝日やＴＢＳの報道番組は、特集として放送してきました。映画はその集大成。つまり使っている映像素材は、テレビと相当に重複しています。でも、実際に観ると、まったくの別ものなんです。

森巣　そうでしょう。そのはずです。

森　これが戦争なんだとつくづく思いました。いろいろな違いはあるのですが、まず何が違うかというと、映画には音楽やナレーションが一切ない。現場のノイズが全部再現されている。病院の中で、泣き崩れる母と子がいれば、医師の吐息、遠くでアラーの教えを説いている声、撮影者である綿井の靴が瓦礫《がれき》を踏みしめる音、それらが渾然《こんぜん》となって耳から入ってくる。でもテレビは、音楽やナレーションで、そんなノイズを消してしまう。要するにわかりやすくするための加工の一環です。

　また、米軍の侵攻から始まる冒頭で、カメラを持った綿井が米兵に向かい、なぜ市民を殺すんだと、激しく詰め寄ります。撮影者の主観が表れすぎているとの理由で、テレビ的には、NGとなるシーンです。

　テレビ的な中立や客観などの呪縛から解き放たれたときに、いかに戦場というものがリアルに立ち上がってくるかということを、そのドキュメンタリーでつくづく実感しました。制作する側がルーティンに埋没せずに志を思い出せば、テレビはまだ可能性があるはずです。ただ、現状の地上波では、これが放送できないという限界も、あらためて認識しましたけれど。

森巣　今までネガティブな話ばかりしてきたから、最後の希望かもしれません。やはり希望がないとどうにもならない。ロシアのことわざにありますが、最後に死ぬのが希望です。

森　メディアが発達することで、戦争は逆にリアルさを失い、矮小化《わいしょうか》されていく。受け取る僕らは他者への想像力を失い、当事国以外にも戦争の麻痺が大規模に感染してゆく。これが現況のメディアです。でも今回、この作品を見て、モチベーションさえ失わなければ、メディアはまだ、実相を伝えることができると力づけられました。

▼戦争報道と映像加工

森巣　戦争とは、そもそも人を殺す行為で、武器は、どれだけ効率よく人を殺すかというものです。

森　ファルージャで、米兵がモスクに逃げ込んだイラク市民を撃ち殺し、その瞬間をたまたま従軍していたアメリカのテレビ・クルーが撮影して、全米で放送されて大騒ぎになりました。アブグレイブのときも感じたのだけど、戦争が完全に矮小化されています。

韓国の軍内部で、新参の兵士に対するシゴキやリンチが問題になったけれど、あってはならないことと怒る人は、戦争を何だと思っているのでしょう。初年兵はいじめるのが軍隊です。捕虜は虐待するし、最前線では、兵士だろうが民間人だろうが、動けばとにかく撃つんです。当たり前のことです。だって戦争なのだから。大騒ぎになる世間が不思議です。大騒ぎするメディアも不思議です。戦争はそれほどに非人道的な営みです。だからこそ、その前段階で対応していかなくてはならない。起こってからでは遅いのです。

でもね、九・一一後に急激に統制化されたアメリカのメディアですが、アブグレイブやファルージャなど、やるときはやるんですよね。それは率直に羨ましい。ベトナム戦争時にも、反戦歌の「花はどこへいった」を歌う最前線の海兵隊の姿がテレビで放送されて、戦争支持の世論に大きな動揺を与えました。ソンミ村の虐殺や、そもそもアメリカの介入のきっかけになったトンキン湾事件が、実は米軍の謀略だったことを暴いたのもメディアです。もしも今の日本が当時のアメリカの立場だったら、メディアがこれほどに毅然と報道したかどうかは極めて疑わしい。というか、無理でしょうね。

森巣　だからこそ、メディアは、現実に起こっていることを、正確に伝えなくてはならない。こういう事態を止められなかったのは、私たちすべての責任なんだという自覚を促すためにも必要なのです。これこそ「自己責任」。イラクで子供たちが死んでるのは、私たちの責任なのです。質問する能力を奪い、自己の保身しか考えていない権力。質問もしない、報道もしないメディア。考えない、抗議しない私たち。そこを崩すためにも、メディアには多様な情報を伝える義務がある。

本来あり得ない中立公平といったウソに縛られ、また、抗議に怯えて自粛する。実際に戦場で起こった残虐といわれるような映像を、すべて恣意的にカットし、排除していく。しかし、ドラマで格好よくドンパチやるのは許している。実際の悲惨な状況を伝えるため、どのように紹介していくべきかを考えもしない、伝えようともしない状況が、その先に起こることの想像力を奪っていく。

森　広河隆一さんが責任編集をしている「DAYS JAPAN」というフォト・マガジンがあります。戦火のバグダッドで、爆撃で手足がもがれて内臓がはみ出したりしている市民や兵士たちの、そんな悲惨な写真をカラーで掲載しています。

森巣　当然です。もげているなんて、残っているからまだいいほうで、飛び散って、原形をとどめないような状態こそが、戦場です。また、そんな無残な殺戮《さつりく》が行われている場所に、自転車に乗ったアイスクリーム売りが現れる。それも戦場なんですね。このアイスクリーム売りの部分は、ベトナム戦争に従軍した私の友人のカメラマンが教えてくれました。

森　……つくづく世界は多面的ですね。とにかく、この悲惨さはまさしく戦争の本質なのに、マスメディアはこれを隠蔽して、当たり障《さわ》りのない統制された映像ばかりを供給する。

森巣　表現を規制しうるとして考えられるのは、公序良俗について謳った民法九〇条に触れるかどうかとか、刑法一七五条のわいせつ物頒《はん》布《ぷ》にひっかかるかどうかです。戦場報道やそれに伴う残虐な場面に関しては、わいせつ物頒布は関係ないでしょうし、とにかくその上位概念として、憲法二一条の表現の自由が存在しているわけです。

無残な殺戮の映像をニュースで、流すことができない理由はまったくない。それにもかかわらず、そういった報道は、当然できないような雰囲気を自分で勝手に作りだしている。放送法による、公平で中立であるべきという文言を隠れ蓑《みの》にして、抗議に怯え、自己保身しか考えず、自主規制を繰り返し、伝えるべきことを伝えていない。

森　戦争の映像加工が当たり前のようにあることの背景は、実体などどこにもない「放送禁止歌」がメディアにずっと蔓延していたことと構造が一緒で、どこかで誰かがマニュアライズしているのだろうとの幻想が肥大していることとの証左です。

スイッチをつけた瞬間に、いきなり放送が始まるテレビの場合、家族で夕餉《ゆうげ》の時間に、たとえばスプラッタ映画の猟奇的な虐殺シーンがいきなり映し出されたら、局に対して「やめてくれ」と抗議する権利はあると思う。本来は見る側がチャンネルを変えればいいだけの話だと思うけれど、テレビをつけた瞬間にその映像が流れる地上波の放送の場合、発信する側の多少の気遣いと抗議への対応は、必要経費だとは思う。

でもニュース報道において戦争を取り上げるならば、お茶の間とか夕食とか、同じ語彙を使う論理を当てはめちゃ絶対にだめです。それは戦争という最悪の営みを矮小化することなのだから。映像を安易に加工することは、ある意味で戦争犯罪と同等です。でも実際には死体にモザイクをかける。なぜか？　これも市場原理なのです。残酷すぎると視聴者から抗議がくる、あるいはチャンネルを変えられるとの理由です。

……これは深刻な問題です。場合によっては、人はメディアによって滅ぶのかもしれない。資本主義経済に晒されるかぎりは、現実が口当たりのよい情報に加工されることは必然です。だからこそ本来ならここで、市場原理とは距離を持てる公共放送の重要性を考えねばならないのだけど、NHKにはその意識はほとんどない。

いずれにせよ、これほどにグローバリゼーションが進捗《しんちょく》した現在において、僕らにとって無関係な戦争などありえない。リアルな戦場から僕らは目をそむけてはならないし、メディアも気分を害するとかチャンネルを変えられるとかの発想で、映像を加工したり封印するようなことは、本来あってはならないことなのです。

森巣　気分を害するどころか、その人たちは、戦争によって殺されている。そして、さらに多くの人がその危険に晒されている。今ここで気分よくご飯を食べているということが、ただ、たまたまここに生まれたからというだけの理由でしかない。このメシは、彼ら彼女らを殺すことに繋がっているかもしれないと考えることができない。想像力の欠如です。

苦しみ、のたうち回り亡くなっていく人たちへの視点の消失は、「かれら」と「われわれ」を区分することによって成立している。自分は、絶対に「かれら」にならないと信じ込んでいる。蛇足ですが、メシを食っているときくらい、テレビを消せよ。もっとも、そうすると離婚が激増するのかな（笑）。

▼一人ひとりが現場で考えなさい

森 「テレビはそもそも娯楽であって、報道とは違う」との見方があります。だから過剰な期待はできないということですね。仮にテレビの本質が娯楽であるにせよ、圧倒的な影響力を持つことは事実です。テレビの主旨が娯楽であろうがなかろうが、影響力が大きいものなら、僕らはこれを最大限に行使すべきです。だって今この瞬間も、焼かれ、突かれ、撃たれている人たちが大勢いるのだから。

そう主張すると、報道と娯楽との線引きをどうするんだという質問を口にする人が必ずいる。線を引く必要なんてないんです。文春問題でも触れましたが、ここまでは公人でそこから先は私人とか、ここまでは公共の利益でその先は私益などの線を無理に引こうとするから、論理に溺れてしまう。一人ひとりがそれぞれの現場で、その時々に考え、悩み、決めてゆくことなんです。一人ひとりが、自分の名前を晒しながら、状況とそれに喚起された自分の思いや感情を表出する。間違えたなら訂正し、原因も追究する。多数の人を加害する仕事なのだと覚悟を決める。たぶんこれだけでも、メディアはこの世界を変えることに大きく寄与できるはずです。

森巣　戦争という悪行の悲惨な被害者たちを、これ以上増加させないためにも、より多くの人が現実を見なくてはいけない。そして、その被害者を生み出すことに、日本国民の一人ひとり、オーストラリア国民の一人ひとりが加担していることを自覚しなくてはならない。ついでに言うと、「犠牲者」という表現で、すでに事実をごまかしてます。あれは、紛《まご》うかたなき「被害者」なのに。

森　犠牲は本来、生けにえの意味なんです。メディアの生命線は言葉なのに、無自覚な濫用《らんよう》が確かに急増していますね。

森巣　今回のイラク戦争は、やたら死体のない戦争です。死者というのは数値でしかない。それもいい加減な数値。湾岸戦争以降、それに対する指摘はあるものの、隠蔽された死者を探し出すことが必要です。死者の尊厳を傷つけるような行為は許されないといった感情的な部分への訴えかけによって、戦争本来の残虐さが隠蔽されている。

森　戦争への批判性を緩和する手法として、中途半端な露出があります。従軍した記者による記事や映像ですね。テレビゲームのような映像とさんざん批判された湾岸戦争時の報道だけど、むしろあれくらいに隠されたほうが、想像力を刺激するんです。だからこそ油にまみれた水鳥の映像が実はフェイクであったことや、イラク軍の攻撃を受けた一般市民として使われた少女が、実はクウェートの駐米大使の娘であったことなどが明るみに出された。米軍はこれらの経験から、イラク侵攻では報道を積極的に利用した。

森巣　記者が戦車に同乗して、バグダッドに着くまでどれだけ苦労したかなんてことが放送されてる。ありゃまるでプロパガンダです。ロバート・キャパの存在をはじめ、戦争自体に影響力を持った報道も過去にはありました。ベトナム戦争の際は、報道によって、アメリカ国内で反戦運動が広がった。フイン・コン・ウトの「戦争の恐怖」は、ナパーム弾から逃げる子供たちの写真ですが、その中で裸の女の子が一人泣きながら逃げてくる。非常に印象に残っています。

森　ベトナム戦争時の報道の主力は、スチール写真です。情報量は今のビデオ映像の何千分の一でしょう。でもスチールは、限定されているだけに見る側の想像力を喚起するんです。この瞬間の事前、そして事後を、誰もが考えますから。その影響力もあって、世界的に大きな反戦の流れが形成された。確かにベトナム戦争時、アメリカは世論に負けました。でも同じような構造のイラク戦については、メディアは明らかに機能していない。

森巣　雑誌ジャーナリズムやフォトジャーナリズムが、メディアとして影響力を失ってきている現在、メディアのヘゲモニーを握ってるのは、当然テレビなのですから。なんとかせいよ、おい、こりゃ。

森　メディアが進化すればするほど、マーケットの思考が停止してしまうことは、ある意味で必然です。でも策はある。少なくとも、夕飯時でチャンネルを変えられてしまうから映像を加工する、あるいは隠蔽するという短絡性は考え直したほうがいい。前述したけれど、法曹関係者の守秘義務と同様に、これはメディアの付帯義務だと考えればいい。

森巣　食欲がなくなって三日間食えなくなったとしても、残虐だと言われようとも、腸がはみ出し、断末魔の状態を映された人の苦しみとは、比べものにならない。

森　僕らが加担している現実から目を背けながら、夕食はおいしく食べたいでは浅ましすぎます。確かに、テレビのゴールデンタイムで戦場の死体を放送すれば、多少は抗議はくるかもしれない。きて当たり前なんです。何千万人もいるのだから。「バカヤロー、お前んところのテレビ見て、俺んちはみんな吐いたぞ、どうしてくれんだ！」なんて電話がきたら、「ああ、そうですか、すみませんね、でもこれ現実ですから」って対応すればいい。スポンサー企業の広報に抗議がいったらどうしようとか、そんなことは考えなくていい。少なくとも、数字はくるんです。そのレベルの話に萎縮しては絶対いけない。そこで戦っていかなくては、メディアの意味なんてなくなってしまう。

『１９９９年のよだかの星』というドキュメンタリーを作ったとき、犬の解剖をはじめとした動物実験を、すべてノーモザイクで放送しました。当たり前です。他の命を消費しながら生きる僕たちの「業」がテーマですから、目を背けるわけにはゆかない。確かに放送時間帯は深夜でしたが、やろうという意志さえあれば、ゴールデンタイムでも可能なんです。

第四章　懲罰機関化するメディア

▼なぜ手錠にモザイクを入れて、顔を晒すのか

森巣　メディアの思考停止についてもう一つおうかがいしたい。容疑者が捕まると、連行する写真や映像を出すじゃないですか。あれなんで出すんですか。

森　手錠、腰縄にモザイクを入れて、顔は晒しますね。

森巣　まるで市中引き回しです。刑罰の一つですかね。その昔、某誌のバカカメラマンが、助手に顔を隠していた容疑者のスカートをめくらせて、手で押さえたところを撮って、顔写真を載せたことがあったんです。

森　すごいことをする（笑）。

森巣　メディア全体を一緒にしてはいけないですが、そんなことをしておいて、同時に、推定

無罪という原則も謳う。それならその容疑者の顔写真は、どう説明するわけでしょうね。

森　整合性は全然ないです。そもそも容疑者というのは、文字通り容疑がある者ですからね。極論すれば、真犯人が逮捕されて有罪が確定するまでは、全国民が容疑者です。

森巣　まだ告訴されてもいない。

森　論理上はその段階で、顔なんか晒せるはずはないんです。でも、日本のメディアはずっと晒してきました。

報道番組のディレクターをしていた当時、逮捕された容疑者が連行される映像に映った手錠に、モザイクを入れる理由がわからなくて、他のディレクターたちに聞きました。プロデューサーにも聞きました。報道局長にも聞きました。誰一人答えられない。唯一答えてくれた人が、「人権を守るためだよ」と。人権？　なるほど。オーケー。じゃあお聞きしますけれど、どうして顔は晒すのですか？

森巣　ヤクザを逮捕したとき、左右を刑事が挟む形にして連行するのは、よくわかるのです。あれは、一人だけだと、手錠をかけていても、どちらがヤクザでどちらが刑事だかわからなくなってしまうから。昔は、顔付きや服装でわからなくても、靴を見ればわかった。でも日本の警察官が世界でも信じられないくらいの高給取りになってからは、もう靴を見てもわからない（笑）。

森　マル暴の刑事とヤクザが並んだら、確かにヤクザのほうが上品かもしれないですね（笑）。

それはともかく、森巣さんのおっしゃる通り、原理原則から言えば、容疑者の顔をメディアが晒す根拠はありません。推定無罪ですから。……ただ僕はね、そもそもは晒すべきじゃないとは思うけれど、読者や視聴者がどうしても見たいから晒すんだとの覚悟があるのなら、千歩譲ります。悪辣なら悪辣なりに徹してほしい。ところが手錠・腰縄にモザイクをかけることで、明白な人権侵害を姑息に糊塗《こと》しているわけです。誰を相手に糊塗しているのか？　視聴者や読者と、そして何よりも自分たちです。加害性をごまかしているんです。これはダメです。最悪です。

森巣　それに決まり文句――容疑者に対して「ふてぶてしい表情」とか書いたりするじゃないですか。なんであああいうことを書けるのだろう。

森　新聞でよくあるのは、逮捕された翌朝の、「朝食をペロリと平らげ」。慣用句というか、ほとんど枕詞です。この常套句は多いですよ。僕なんかもたまにスポーツ新聞に書かれるとき、「森達也監督はメガホンをとり」って、よく書かれます。今どきメガホンなんかとってないって（笑）。

　まあメガホン云々はどうでもいいとして、「ペロリと平らげ」の濫用は、やはり問題です。取材して伝えることがメディアの基本なら、これはもう職務放棄に近いです。さすがに最近は、この表現はあまり使われなくなったようだけど、でも「ペロリと平らげ」が当然のように消費される体質は変わっていません。

森巣　実際に見ているわけでもないのに、そんなウソ情報ばかりをメディアは流す。

▼麻原は推定無罪、これは明確です

森　いちばん痛感したのは麻原法廷です。二〇〇四年の二月二七日に傍聴して、至近距離三メートルくらいで麻原を見ましたけど、どう見たって、もう壊れている。恐らく、もう自分の意思はないだろうと確信できました。

いくつか根拠があります。まずは同じ動作を反復していること。旧知の司法記者が何人かいたので、休憩時間に話を聞いたら、「もうダメでしょうね」と誰もが言う。「法廷でも午前と午後とでズボンが変わっていることなんかしょっちゅうだよ」とか、みんなもう、彼の人格というか意識というか、それが崩壊していることは気づいているんです。

森巣　大小便垂れ流しについては、「実話ナックルズ」が報道しました。「実話ナックルズ」はいい雑誌ですよ。スキャンダルジャーナリズムとはなんたるものか、よく心得ている。最近では、「小泉レイプ疑惑」を報道していますね。

森　「実話ナックルズ」を軽視するつもりはないけれど、そういったマニアックな雑誌しか書かない。何よりも判決公判の翌朝の報道には、ショックというか脱力しました。法廷での麻原彰晃の描写で、「薄ら笑いを浮かべ」とか、「反省の色すらない」などの、例の常套句の見出しです。今の麻原は、自分がどこにいて、何をしているのかすら、理解できていない状況でしょう。目の前で彼を見れば、誰もが気づくはずです。でも傍聴席から判事から弁護団まで、誰もこれを公式には口にしない。僕は一審の判決公判が初めての傍聴だったけれど、ずっとこんな調子で公判は進んできたのだろうと思います。

森巣　やはり、最初から見せしめとして殺すつもりだったのでしょうね。それではあまりに刑事訴訟法を無視しているとの批判が多分内部であり、二〇〇五年八月一九日になって東京高裁の須田賢裁判長が麻原に精神鑑定を受けさせることにした。拘置所で麻原は、薬浸けにされていたそうです。

森　そうとしか考えられないですね。鑑定で訴訟の当事者能力がないと判断されれば、公判は停止しますから。それを狙っての詐病だと主張する人は確かにいます。でもならばなおのこと、鑑定をして白黒をはっきりするべきですよね。精神鑑定が万能とはもちろん思ってないけれど、判断すべきは微妙な境界線ではなく、偽装なのか、あるいは本当に訴訟能力が失われているのかのどちらかですから。

森巣　でも、法廷記者がちゃんと報道せんと違法な殺人がまた行われてしまう。

森　法廷記者だけの問題ではなく、麻原を吊るすことは、社会全体のコンセンサスですから。

森巣　でも、誰がそのコンセンサスを形成したのですか。

森　……民意です。

森巣　でも、その民意は誰かによって作られている。

森　メディアです。……まあ、車の両輪ですね。

森巣　しかし、日本が法治国家と主張するかぎり、法律にのっとった訴訟が行われるべきであり、法律に従えば、麻原は訴訟能力がなくなっているのだから無罪。これは明瞭明確です。刑事訴訟法上は、断罪することはできません。

森　僕もそう思います。推定無罪という近代司法の大原則は、完全に瓦解しました。一三事件のうち、彼が現場にいたのは、落田耕太郎さん殺人事件の一件だけです。あとは全部、犯罪の指示を出したとの状況証拠です。物証はない。本人の供述もない。あるのは周囲の証言だけです。これはかつてなら、死刑の判決など絶対に下せない。でも今そんなことを主張したら、間違いなく非国民です。

　麻原の裁判だけではない。控訴審で死刑判決が下された和歌山カレー毒物事件の林真須美、仙台の筋弛緩《しかん》剤事件の守大助、いずれも有力な物証はないに等しく、本人も否定している。極端に言えば、要するに誰かを陥れようとして複数で虚偽の証言をするだけで、死刑にしてしまえることになります。ちょうどこの間、国会に上程されていた共謀罪そのままです。これは困った法律です。実際に犯罪行為に至らなくても、その準備をしたと思われるだけで逮捕されるわけですから。酒場で上司の悪口を言っていて、つい「あのヤロウ、ぶっ殺してやる」などと口走ったら、逮捕されることになるんです。まあそこまでは至らないとは思いたいけれど……。

森巣　法治国家として機能していない。

森　もちろん麻原彰晃や林真須美がシロと断言するつもりは、僕にはありません。クロかシロかは僕にはわからない。でも、かつてなら、死刑の判決がこれほどあっさりと下される事案ではない。それだけは確かです。推定有罪です。しかも厳罰主義。

森巣　お上の考え方では、楽しそうな奴らは全員不審人物となります。だから、私や森さんはヤバイ（笑）。

森　共謀罪がもし法制化されたら、この本を証拠に僕も森巣さんも逮捕されるかもしれない。国家転覆を考えているとか何とか。まあ、ようやく精神鑑定を認められた麻原の鑑定医が御用学者ではないことを祈りますが……。

▼倒れたものを叩くジャーナリズム

森　失敗して転んだとわかると叩き始めるという話がありましたが、三菱自動車のリコール隠しの際の記者会見で、記者が、台数か何かについて質問をしたんです。そのとき、三菱の広報担当者が、あまり明確に答えられなかった。それに対して、何のためにアンタここに来てるんだと、激しい調子で記者が言った。その居丈高さは酷かった。JR西日本のときも、「社長を呼んでこい」とか「人が死んでんねんで」とか、総会屋のようでした。

森巣　実際には巨悪を黙認し、かつそれに加担しつつ、正義を背負っているように振る舞うジャーナリストたちには反吐《へど》が出ます。しかも倒れるのを待っている。不正を告発するのがジャーナリズムのはずでしょうが。ところが、倒れたものを叩くのがジャーナリズムとなってしまった。

森 菅直人の年金未納問題のときも、辞めますね、から、とにかく辞めるんでしょうと、記者が詰め寄る。懲罰的です。ただし僕は、個人としての憤りや怒りがあるのなら、それを表明することは悪くないと思う。情感を全面的に抑えつけて冷静になれなどと主張する気はありません。でも、居丈高になる彼らが、主語を一人称にして怒りの述語を表明しているとは思えない。

森巣 権力にぶら下がっているだけなのです。

明らかに主語は複数名詞です。「我々」とか「国民」とか。

森 「権力を監視する第四の権力様」のつもりなのでしょう。

森巣 それは、民衆の意思を代行しているという考え方です。しかし、ジャーナリズムは、国民の知る権利を代行するだけなはずです。知る権利は代行しているけれど、国民の意思を代行するものではないと思います。ところが、国民の意思を代行するように、あたかも振る舞っている。逆に、知る権利を代行しているはずなのに、それは忘れてしまって当たり前の質問をしない。

たとえば二〇〇四年の恒例の秋の園遊会で、東京都教育委員の米長邦雄という将棋指しが、天皇に対して、

——日本中の学校で国旗を掲揚し、国歌を斉唱させることを使命にしております。

と言った。その極右妄動分子的発言に対し、危機感を抱いた天皇は、

――やはり、強制になるということではないことが望ましい。

と都の教育委員を諌《いさ》めました。そのとき、なんでジャーナリストは、「米長さん、いったいいつから、東京都の教育委員が、日本全国の学校に責任を持つようになったのですか？」

と当たり前の質問をしなかったのか。石原都知事の「ババア発言」のときもそうです。「それは、皇后陛下に対して不敬ではないのですか？」

と質問しない（笑）。

森　しかも最近の傾向として、意思を代行するにしても、その意思そのものが、憎悪や、恨みを晴らすとか、やっつけてやるという、非常に殺伐とした部分ばかりを代行している。

森巣　2ちゃんねるで憎悪の書き込みをする奴らと同じレベルだ。自分の無能ぶりを悪意に転換させ、倒れている人を蹴っ飛ばす。おまけに、まだ立っている悪に関しては、知っているけど書かないというジャーナリストが多い。本末転倒も甚だしい。それで自分はジャーナリストです、と言うから笑ってしまう。

森　知っているけど書かない。確かにそういった場合は多いです。ただしかつてなら、その書けないことに対しての葛藤や、書かない自分に対しての苛立ちが、もっと濃密にありました。薬害エイズの裏事情について知りながら報道しなかった記者は、報道しなかったことに対する

負い目が全然ない。この負い目というか、後ろめたさがあるとないとでは、大きな違いです。ＮＨＫの番組改変問題のとき、ＮＨＫの幹部は記者会見で、政治家に相談することは通常の業務だとの趣旨を、実にあっさりと口にした。しぶしぶじゃない。これも同様です。

そもそも、ジャーナリズムという仕事――メディアの仕事と言い換えてもいいですが――には、他人の不幸を食い物にして成立する領域がとても大きい。だから生来的に後ろめたさがあって当たり前の仕事なんです。賤業くらいに思ったほうがちょうどいいと僕は思っています。ところが今は、後ろめたさがどんどん希薄になっています。この負い目や後ろめたさが消えたとき、メディアは、暴走するんです。

森巣　そこで、重大な問題の一つとして、主語が出てきます。ジャーナリストとして主語が立つかどうか。主語が立っていれば、そういうバカな行いはできない。主語を、曖昧模糊とした民意とか、視聴率、そういうものに置き換えてしまうから、悲惨な現状がある。

▼逮捕は大きく、不起訴は報じず

森　それと、テレビでよく使われる「我々は」（笑）。「我々はモスクワに飛んだ」とか「取材班はどこどこへ行った」とか。『プロジェクトX』ふうに読めば雰囲気は出るかな。でもモスクワへ行ったのはお前でナレーターは関係ないだろうって（笑）。まああえて目くじら立てますが、もう少し、一人称を大事にしたほうがいい。

森巣　しかし、客観性なんてものは成立しないと、ずいぶん昔からわかっていたはずですが。

森　いや、わかっていないです。もしくは最初はわかっていても、どこかでそれが麻痺して、いつの間にか自分たちは本当に客観的に報道していると思い込んでしまっている。客観というもの、それ自体を目指すことは、間違いではないと思います。しかし、今、すでに自分たちが、客観的な報道を成立させていると思い込むのは、大きな間違いです。

森巣　客観性の仮面の中に埋没してしまった。

森　客観性を目指すということは、自分たちの現状が客観的ではないことの自覚が前提です。でも今は、その前提が消えてしまっている。

森巣　調査するジャーナリズム（investigative journalism）という言い方がある。調査するという言葉を出さなくてはならないほど、他のジャーナリストたちが調査しなくなったということなのですね。現在、ほとんどのジャーナリストは、自分で調査しません。新聞記者なんて、プレスリリースと、ウェブ情報の切り貼りで記事を作ってしまう。キッタハッタでヤクザと一緒。おまけにテレビの報道局の記者は、その新聞を読んで番組を作ってしまう。カメラは行けるところにだけ行って映像を撮ってくる。そうすると、垂れ流しの発表ジャーナリズムにならざるを得ない。

森　ジャーナリストといってもいろんな人がいます。フリーランスはやはり、誰もやってくれないから自分でやるしかないですよ。それと企業ジャーナリストにしても、全部が全部、そんなヤッツケ仕事をしているわけじゃないですけどね。頑張っている人もたくさんいます。でも総体としては、森巣さんにそう言われても仕方がない構造になりかけていますね。テレビでも、官製報道ばかりではなく、調査報道というジャンルはあります。ニュース番組の特集枠や、TBSの『報道特集』、終わってしまったけれど『ザ・スクープ』とかがそうですね。ただ確かに調査報道に対しての足腰が、全体的に弱くなっています。

森巣　そもそも報道というのは、調査しなくてはいけないものでしょう。

森　その前提に立てば、調査報道というネーミングや、何よりもそんなジャンルが存在していること自体が、そもそもおかしいんですよね。警察や政府の発表を伝えるだけなら、報道ではなく広報の代行ですから。ただ恐らく視聴者のほうも、二ヶ月前の事件なんてどうでもいいという思いはありますね。

森巣　そこにまた一つの危険がある。ジャーナリズムの場合、第一報を垂れ流して、そのままにしてしまう。たとえ間違っていたとしても、まず訂正しません。私なんかは、あの事件のあの人がどうなったのかなということが、非常に気になる。最初にわっとニュースで取り上げられても、その後どうなったのかが、わからない。そういった在り方は、どうにかできるのでしょうか。もし、できないとしたら、どうにかする方法はあるのか。

森　旧知のオウム元信者が、つい最近逮捕された事例を先ほど話しましたけれど、逮捕は大きく報じながら、不起訴、つまり事件化はできなかったとの記事は、ほとんど報じられません。

手錠と腰縄にモザイクをかけながら、容疑者の顔を晒すという矛盾にも結びつくと思います。……どうすればよいのでしょうね。市場がもっと森巣さんのように長期的なスパンで興味を持ち続けてくれるのなら、これがいちばん有効な策ですけど。でもそう言えば、メディアに自浄能力はないのかと森巣さんに怒られちゃうし……。

▼不当逮捕への鈍感さ

森　今に始まったことではありません。オウムの撮影中も、しょっちゅう信者たちは捕まるんです。最近顔を見ないなと思ったら、そういえば先週逮捕されましたね、なんて会話は普通でした。捕まったときは、新聞も大きく取り上げる。オウムの金庫番と言われていた野田成人幹部が捕まったときも、各紙一面で大きく扱いましたが、結局、二一日後に釈放です。新聞は釈放の記事を掲載しません。そうなると国民の間では、やはりこいつらは悪い奴らだという認識しか残らない。こうして民意は形成される。

森巣　それから、オウムの場合は、駐車場に入っただけとか、ほとんど別件の微罪逮捕での長期勾留だった。そもそも、別件逮捕は違法という最高裁判決も出ている。

森　労働基準法違反で逮捕など、別件以外の何ものでもない。でもどこからも批判は出ない。当の信者も、裁判で訴えても勝てるはずがないことはよく知っていますから、結局は泣き寝入りです。

『A』にも、オウム信者の不当逮捕の一部始終が出てきます。信者に路上で一方的に暴行を加えて、そのうえで公務執行妨害で逮捕した警察官が所属する警視庁、つまり東京都を当の信者が訴えた。怪我までしていましたからね。あまりに悪質すぎました。一審はオウム側が勝ちました。でもメディアはこれを、ほとんど報じなかった。僕の記憶では、一部のスポーツ紙が数行報じただけでした。ニュースバリューだけで言えば、まさしくオウム報道がまだ価値を失っていない時代ですから、スクープのはずなんです。

だからね、その意味では、僕はずっと、メディアは市場原理だという言い方をしていますけれど、その市場原理すら機能しない局面は確かにあります。これを報道しない理由は、オウムの肩を持つのか式の抗議が殺到することを予想したことと、警察との関係が悪くなることを避けたのでしょうね。

この一審の判決前日に、警視庁は、オウムの施設にガサ入れをして、そして不当逮捕の原告である信者を、またもや逮捕しました。容疑は確か、住民票を移していない住居に寝泊りしていたとか、そんな罪です。別件や微罪にだって普通はならない。ならばなぜ、焦って彼を逮捕したのか、その理由は翌日わかります。オウム信者が東京都に裁判で勝ったことを伝える記事に、「なお、原告である信者は昨日逮捕されている」との文章が加わるわけです。ならば印象はずいぶん違います。結局彼は、このときも不起訴。でもメディアはこれを伝えない。

警察は確かにどうしようもないけれど、でも本来は権力機構の監視役であるはずのメディアが、もう少し普通に機能さえしていれば、警察もここまで露骨なことはできません。

森巣　逮捕されても、不起訴になる場合もあるのに、メディアは、逮捕されたことばかり取り上げて、不起訴になったことを伝えない。たとえば冤罪判決が出たときの新聞記事なんか読んでみると、お前らよくこういうことが書けるな、と思いますよね。逮捕時の犯人報道をしたのと同一人物が記事を書いてるとは、とても思えない。

森　この顛末《てんまつ》はまだ続きがあるんです。東京都は当然控訴しました。二審では、筑波大学の体育理論か何かの教授に、都の弁護側が『A』のそのシーンの映像分析を依頼したんです。そのときは、『A』発表後ですから、僕も証拠採用に応じました。警察官が信者を押し倒し路上に昏倒《こんとう》させるその映像を一コマずつ、筑波大の教授はチェックして、結論としては、オウムの信者が警官を引っ張っていると鑑定した。その鑑定書、持っていますよ。『A』を観た人にとっては、噴飯ものでしょう？　要するに御用学者ですね。

森巣　地裁の判事の中には、まだ良心に従って判決文を書く人たちもいるのですが、高裁の判事になるともう目が上のほうにしか向いていない。「ひらめ裁判官」が多いですからね。

森　高裁はひどいとの話はよく聞きますね。

▼反戦ビラで逮捕されるなら、NHKの受信料集金人はどうなるの？

森　いずれにせよあの時期、というか現在も変わっていないけれど、オウムなら仕方がないという心性が社会全般に蔓延して、不当な逮捕や捜査に対して、世間がまったく鈍感になった。住民票を持っていないのに寝泊りしていたと逮捕されるならば、その住民票を自治体に受理してもらえない信者たちはどうすればいいのでしょう。

森巣　住民票を持っていないのに住んでいる人間が少なくとも日本には数百万人存在します。

森　カッターナイフを持っていたことを理由に、あるいは、自分が居住していないマンションの敷地、それも駐車場に立ち入ったことを理由に、大勢の信者たちが逮捕されました。その結果、今のこの社会はどうなったか。

森巣　そういう状況を許し、形成したのは、メディアでしょう。それが結局、立川市で自衛隊官舎への反戦ビラ入れをした人たちの逮捕に繋がってしまった。

森　杉並区では、公園のトイレに「戦争反対」の落書きを書いた人が、建造物損壊で捕まりました。少年法や精神保健福祉法も、怪しいやつや危険な因子を野放しにするなとの声のもと、改定されました。街には監視カメラがはびこり、小学校には民間の警備会社がセキュリティ対策を施し、コンビニの前で屯《たむろ》するだけで取り締まりの対象になる社会が現出し、警察は天下り先がまた増えてえびす顔。共謀罪の問題点は、法そのものは当然として、犯罪の予見を取り締まることが合法化されることです。盗聴やスパイは当たり前になってしまう。密告も増えるでしょう。戦時中の特高警察のような存在が必要になってきます。

もちろん九・一一の影響もあるけれど、きっかけはオウムです。自慢話のように聞こえてしまうかもしれないけれど、オウムを撮影しながら、僕はこの状況をある程度予想していました。

森巣　ポストに入っている無数のフーゾクチラシ、サラ金のビラ、あれを入れると、もう建造物不法侵入容疑でパクられるわけです。「讀賣新聞」の勧誘員も、ＮＨＫの受信料集金人も全員アウト。しかし、連中はパクられない。おまけに反戦ビラ入れをした人たちが逮捕されましたという報道はしても、その逮捕はおかしいとは書かないわけでしょう。

森　これはもう市場原理だけじゃ説明がつかない。メディアにおける大事な神経が、どこか麻痺しているとしか思えない。

森巣　おかしいと教えてくれるのは、「週刊金曜日」のような雑誌だけです。そして、どうしてそういう事態が起こったのかというと、オウムのときの別件逮捕を、警察はよくやったと主流メディアが後押ししたから、こういう悲惨な状況になってしまった。

▼警察の裏ガネ疑惑

森　例外は一度設定すれば、よほど強固な意志がない限り、なし崩しになるんです。だからこそ原理・原則は重要です。司法においても、デュー・プロセスが尊重される理由は、ここにあるんです。

森巣　法治国家という概念の基本は、「法のもとで万人が平等である」というものです。ところが現実は、法の運用はきわめて恣意的になっている。

好例は、一連の警察裏ガネ疑惑のときでした。困難な状態なのに、一部の地方紙、たとえば北海道新聞や高知新聞はよく闘ったと思います。あれが本来のインヴェスティゲイティヴ・ジャーナリズムです。どうしようもなくなって、警察は裏ガネの存在を認めた。私が問題としたいのは、その次なのです。

日本全国津々浦々の警察署で裏ガネが作られていたのは、すでに明らかになった。そのうち公的にそれを認めたのが、北海道警、高知県警、福岡県警などの一三都道府県警で、これだけは飲み食いした金だから、と横領した公金を返済した。

ちょっと待てよ。警察の裏ガネが作られる過程で、どれだけの犯罪が重ねられたのか？嫌だ嫌だと言っても、署員は偽造領収書に署名押印させられたわけです。これが虚偽有印私文書作成、同行使。これだけで五年以下の青べべ（懲役刑）です。書かせた奴には、強要罪を貼り付けられる。この偽造領収書は会計課に回された。会計課では、虚偽有印公文書作成、同行使、詐欺、公金横領が行われた。これでできた裏ガネは、一部は警察庁に上納、その残りは、所轄でいえば課長職以上に配られた。おそらくもらった連中は、雑収入として税金申告していないと思う。すると脱税という反国家的犯罪。おまけに公務員には、不正を見つけたときには、それを告発しなければならない義務（「地方公務員法」「国家公務員法」）もある。

すると、いち、に、さん、よん、ご、ろく、しち、はち。合計八つの犯罪がほぼ日常的に全国の警察署で行われていたことを、警察は公的に認めたわけです。もう、犯罪者集団ですね

（笑）。

しかし、一人でもパクられましたか？　まだ誰もパクられていない。みんなお巡りさんを続けてる。一方、オウムみたいな非国民たちは微罪逮捕長期勾留。立川の反戦ビラ入れ事件では、郵便受けにビラを入れただけなのに、七五日間、檻の中にしゃがませられた。これが「法のもとで万人が平等である」ことなのでしょうか。なんでやねん、おかしいやんけ（笑）、と北海道新聞も高知新聞も続けるべきだった。

権力は腐敗する。絶対的権力は絶対に腐敗する。

その権力の腐敗を、国民の代わりに監視するのが、ジャーナリズムの役割なのです。

▼モザイクの濫用

森　具体的にオウム以後、メディアではまず、モザイクが普通になりました。オウム以前にも、もちろんモザイクはありました。しかし、窮余の策でした。ところが、オウムへの強制捜査後は、一日中テレビがオウムを追っかける状況になった。そこで、オウムの施設か、その施設に出入りしてる現役の信者を撮る。ところが、彼らは、法的には市民です。さすがに一応は保護しなければいけないから、モザイクが必要になる。それが二四時間、テレビで垂れ流され、どこかでモザイクに対する麻痺が生まれてしまったのでしょう。
テレビの本質は映像です。テレビ・メディアに帰属するということは、映像表現従事者であるということです。モザイクの濫用など、本当は抵抗しなくちゃならない。映像を汚すのだから。でもオウム以降、その一線が崩れ、モザイクがどんどん蔓延して、最近の報道番組では、インタビュー画面は全面モザイクで、声も変えて、その結果何を言っているのかがよくわからないから、大きなテロップと言わずもがなのナレーション。ほとんど紙芝居です。すでに映像でも何でもない。

森巣　いまは技術的にモザイクはどんどん薄くできるわけでしょう。だったら、手錠にモザイクをかけること自体をおかしいと感じるジャーナリストは、限りなく薄くするよう努力すべきじゃないですか（笑）。

▼法律の激変――一九九九年、小渕内閣時代

森　次に、法律が一挙に変わってしまったことが挙げられます。九九年の小渕内閣のときに、有事ガイドライン関連法、国旗国歌法、通信傍受法、改定住民基本台帳法、これらの法案が一つの国会で、全部あっさりと成立してしまった。戦後の歴史において、大きな転換期です。以前だったら、この法案のどれか一つだけでも、国会審議は紛糾して解散していたはずです。さらにシンボリックだったことは、オウムの事件直後には棄却された破防法の適用が、団体規制法と名称を変えただけで、世論の圧倒的な支持を背景に、あっさりと成立してしまった。これも九九年。森はオウムにこだわりすぎると思う人はいるかもしれないけれど、でも結局、オウ

ムによって日本社会は、これほどに変質したんです。

森巣　日本は一挙にファシズムに向かって驀進《ばくしん》していった。

森　このときに成立した通信傍受法が、今の個人情報保護法に繋がり、住民基本台帳法は、住基ネットの問題に繋がる。決して強制はしないと小渕首相が言明した国歌斉唱は、都教委では起立しないというだけで懲罰が当たり前になってしまった。その集大成が憲法改正です。国家を制限規範するための憲法に、自民党は国防の責務までも盛り込もうとしている。

こうなったらもう遅いんです。これらの法案が通ったとき、その先どのように運用されていくかなんて自明なことだったにもかかわらず、なぜあの時点できちんと取り上げなかったのか。オウムによって喚起された過剰なセキュリティ意識が、結局はこれらの法整備を正当なものとして見過ごした。もっと端的に言えば、思考が停止したわけです。

▼パナウェーブの好青年たち

森　もちろん、そういった意識が醸成され、伸長してくるには、タイムラグが必要です。地下鉄サリン事件は一九九五年、四年間の時間が必要だった。これは、オウムを撮っていて実際に感じたことなのですが、事件直後、『A』撮影時のほうが、施設周囲の住民は温和で、優しかったです。むしろ『A2』を撮っているころのほうが、住民も行政も、信者に対して、より敵意を剝《む》き出しにする傾向が強くなった。法案の通過の時期は、そういった雰囲気とリンクしていると思っています。

森巣　それはなぜですか？

森　僕もずっと、その理由を考えています。一つには人間の生理、たとえば殴られた直後は呆然としてしまい、報復や危機管理などの意識は、少しタイムラグをおかないと現れないということは、きっと言えると思います。オウムは衝撃が大きかっただけに、そのタイムラグも相当に長引きました。あとは、森巣さんの指摘するように、その後のメディアです。危機を煽るその報道が、ボディブローのように、社会の不安や憎悪を形成するのに及ぼした影響は大きい。

森巣　メディアが持つ影響力というのは、圧倒的です。他者を創出する。「われわれ」と「かれら」の論理ですね。

森　メディアによって整合性を与えられ、みんなが心の中に持っていたルサンチマンが、機会をみて噴出する。関東大震災直後に、朝鮮人を大虐殺したことと構造は同じです。九五年からの四年間に限ったことではないのでしょうが、確実にメディアは、今の状況に繋がる民意に形を与え、底流を作っています。

パナウェーブを取り上げたときも、メディアは彼らのキャラバンを追いかけ回し、危険な集団だと、大騒ぎしていた。

森巣　危険って言ってましたか。ところで何が危険なんですか？　白い布を張るだけでしょう。株屋の多くが、パナウェーブと同じように日本はもうすぐ終わると、兜町《かぶとちょう》で言ってましたよ

（笑）。

森　木村太郎を筆頭に、多くの評論家や文化人は、早く彼らを取り締まるべきだとテレビで言ってましたね。でも彼らが移動を開始する前に住んでいた地域では、住民とはずっと共存していましたよ。騒ぎの渦中に取材した人から聞いたけれど、「悪さもしないし、ちゃんとゴミも分別する。いいやつらだ。行くところがないなら、早く帰ってくればいい」と言ってたそうです。

森巣　ははははは。

森　でもメディアは、そのコメントを伝えない。彼らに好意的なコメントはカットして、とにかく危機を煽るコメントを優先します。事件が起きたとき、人格者だとか明るいいい子だったとかのコメントは、被害者には使えても、加害者には使えません。加害者の場合は、「普段はおとなしい人でしたよ」くらいが精一杯かな。

森巣　レン・マスターマンが指摘した、メディアは現実を反映しているのではなく、再構成してから提示するという考えそのものですね。

森　問題は、その再構成の主体と方向です。

森巣　そうですね。誰がどういう意図でそれをするのかという問題。

森　再構成をするということでは、報道もドキュメンタリーも同じです。要するにどちらも表現行為ですから。でも現状のメディアの何が問題かというと、再構成をしているにもかかわらず、記名性がない。同時に、その再構成の主体が、個の主観ではなく、会社の方針や世論への迎合という擬似主観であればあるほど、中立で客観的であると思い込みやすい。――これは危険です。つまり客観中立が、摩擦がないままに誰かに利用されたりする可能性があるわけですから。あるいはそんな作為が働かないまでも、市場の暴走に引きずられやすい。

▼人権弁護士

森　オウム以降の日本社会の変質を如実に示すのは、一九九九年から二〇〇〇年にかけての時期に、信者に対して住民票不受理を自治体が打ち出したことでしょう。

森巣　それ以前には、住民票不受理はなかったのですか。

森　それまでは幾つか既存の施設があったので、立ち退きの場合も別の施設に移っていました。しかし次から次へと地域から立ち退きを強制されて、施設がほとんど消え、九九年ぐらいからは新規の場所を探さねばならなくなった。前述のように、この時期に社会の危機管理意識が高揚したこともあるでしょうね。まるで燎原《りょうげん》の火のように、住民票不受理の決定が日本各地の自治体で宣言されました。

森巣　受理しなかった自治体が告訴されたことがありました。

森　裁判では、自治体側がすべて負けています。まあさすがに、露骨な憲法違反であり、人権侵害ですから。

森巣　それは当然負けますよ。裁判というと、いつも不思議だと思っていることがある。少し話がそれます。また言葉の問題になるのですが、私が気になるのは、人権弁護士という言い方です。弁護士法の第一条に、「基本的人権を擁護し、社会正義を実現することを使命とする」と書いてあります。そうすると、人権弁護士という言い方自体がおかしい。弁護士はすべからく、人権弁護士でなければならない（笑）。

森　確かにね。人権派じゃない弁護士って、映画を撮らない映画監督みたいです。

森巣　人権派でない者たちは、本来、弁護士を廃業すべきです。「弁護士法」違反なのだから。

森　つまり司法も大きな転換を迎えたんです。麻原の弁護人を誰も引き受けない時期があったとき、遠藤誠さんが引き受けるという噂があったんです。麻原も、遠藤さんにお願いしたいと、実際に言ったらしいんですが、結局、遠藤さんは弁護を断った。そのときに記者会見を開いた遠藤さんは、麻原を無実とは自分は信じられないから、弁護人はできないと言った。じゃあ弁護士っていうのは……。

森巣　無実の人の弁護だけをする（笑）。検察側の主張が「合理的疑義（beyond reasonable doubt)」を差し挟まないものかどうかを争うのが、裁判のはずなのに。

森　無罪と思えないから弁護はできない。そんなことを言ったら、弁護活動なんかほとんどできなくなる。被告人を無罪にすることではなく、被告人の権利を守るのが弁護人の仕事です。

永山則夫や組関係者など、世間から非難されているような被告を、遠藤さんは数多く弁護してきました。反骨の、それこそ「人権派」の代表みたいな人だった。仏教徒ですから、オウムについては特別な思いがあったのかもしれませんね。とにかく、オウムに対しての世間の憎悪は規格外でした。このあたりが契機になって、司法は明らかに変わり、懲罰主義の度合いを強めている。繰り返しますが、推定無罪の原則に立ち返れば、麻原に死刑を宣告することは難しい。共謀共同正犯の拡大解釈が必要です。

森巣　物証ゼロです。

森　物証もない、本人の自供もない。唯一、幹部信者たちの証言だけです。でも麻原彰晃はとにかく極刑に処すことが、この社会の暗黙の了解事項になっている。

麻原彰晃が潔白と思っているわけじゃ、もちろんない。でも、原理原則からすれば、微妙なケースであることくらいの自覚は持ったほうがいい。ところがそんな考察が、「被害者や遺族の苦しみを知れ」や「許せない」などの激しい口調に掻き消される。悪は徹底的に殲滅《せんめつ》しろとの懲罰意識が、司法の厳罰主義へと繋がっている。

▼死刑制度

森　オウムの場合、麻原だけではなく、他の被告になっている信者たちに対しても、死刑が当たり前だという大前提がある。唯一の例外は林郁夫と井上嘉浩被告ですね。

森巣　警察の捜査に協力したからということでしょう。

森　先ごろ最高裁で死刑が確定した岡崎一明（現姓・宮前）も、警察に情報を提供しています。でもそれは考慮されなかった。公平であるべき司法が、とても不均等になっています。裁判所と検察側の距離が、とても近くなっている。森巣さんに指摘される前に言えば、その民意の形成には、確かにメディアが大きな役割を果たしています。

森巣　死刑というのは、国民の名による国家の殺人です。それを国民は欲していますか。

森　欲しています。ただしイメージとしての死刑です。実際に人は殺されるわけですが、その実感はないままに、死刑存置派のパーセンテージが急激に上がっています。でも死刑の実態は知らない。知ろうともしない。日本の死刑執行の方法は電気椅子だと思っている人が大半です。実際は絞首刑なのに、そんな基礎知識すらない。でも悪いやつは死刑が当たり前だとの世論が、どんどん強まっている。森巣さんのお話のように、悪い人といい人、自分と彼らという分け方を、無意識に行っている。死刑になるのは自分たちではない。ごくごく少数の悪いやつらだけだと思い込んでいる。

森巣　それでも、現実に、刑務官が国民を代行して、死刑を執行するのです。私たちが、殺人している。

森　そういうことです。多くの人は、その現実をよく理解していない。

森巣　もし死刑制度を継続するというのなら、執行の制度、刑務官が殺人代行するのをやめるべきです。選挙人名簿から無作為抽出し、その人に文化包丁でも渡し死刑執行をしてもらおうというのが、私の意見です。それこそが国民の意思の遂行じゃありませんか。

森 死刑囚が乗った踏み板をはずすボタンは、複数設置されています。要するに、誰が押したボタンが処刑に繋がったかがわからないようなシステムになっている。

森巣 ダメダメ。そんなの絶対ダメ。人を殺すのだから、責任を明確にしなければならない。

森 はっきりとした実感を……。

森巣 そうするべきです。そうでなかったら刑務官もかわいそう、死ぬ人たちも、殺す人たちも、私たちもかわいそう。国民が殺すという原則を受け入れようとするのなら、本当に国民が殺す。そうすれば、一発で死刑制度はなくなるはずです。誰かに人を殺させておいて涼しい顔をするなんて、まるでヤクザの親分じゃないですか。のすたるじいたちが申すように、日本国民はもっと誇り高いはずです。

森 先進国と呼ばれている国で、死刑制度を存続しているのは、日本とアメリカだけ。死刑の日米同盟です。

森巣 国家による殺人の制度を容認する国は、簡単に言えば先進国ではありません。

▼報復感情

森巣 オウムの一連の騒ぎ以降、何かが少しずつ露骨になってきているのは明瞭ですね。

森 以前だと、いくらなんでも、ここまではよそうと踏みとどまっていた領域が、いつの間にか大幅に後退しています。それがいちばん端的に表れているのが、報復感情だと思います。

森巣　憎悪と、また、その憎悪を煽る状況。

森　やられたらやり返せという感情は、近代民主国家、法治国家においては、抑制されるべきであり、森巣さんがお話しになったように、それを前提にしないと、社会システムは成り立たない。

森巣　文明という言葉は嫌いですが、悪い連鎖を防止するのが文明社会なんじゃなかろうか。

森　死刑制度は、やったらやり返すことの、国家による代行です。それが今、非常に露骨になってきて、まったく冷静な審理を欠き、簡単に容認し始めている。池田小児童殺傷事件の宅間守が、あっさりと処刑されたときには驚きました。悪い奴には何をしてもいいとの意識が蔓延して、オウムの住民票不受理に繋がっている。当時は、自民党や民主党の政治家たちのほとんどが、住民票不受理は地域感情を考えればやむをえないと発言していましたね。ならば公務員は憲法を遵守すべきという憲法九九条違反です。

森巣　国会議員にしろ公務員にしろ憲法遵守が義務づけられているのに、平然とそういうことをする。やはり日本は法治国家じゃありませんね。オウムの子供の就学権はどうなっているのですか。

森　麻原の幼い子供たちは登校を拒否されて、一年経ったら転校するという約束で、やっと就学できました。三女は試験に合格した複数の大学から、入学を拒否されました。

森巣　なんで学校に来たらまずいのでしょうか。そこいらへんが、全然わかりません。

森　僕もよくわかりません。排斥を主張する何人かの住民に話を聞いたけれど、明確な論理はもちろんない。「殺人集団だから」とか「洗脳されている」とか、最後はそんな帰結です。

森巣　洗脳なんて言い出したら、誰でも洗脳されてる。それがまさに教育なのですから。それに、誰にも子供たちの就学を拒否する権利はないはずです。そんな法律違反の約束は、反故《ほご》にしたって一向に構わないはずです。

森　約束を守る義務は全然ないです。ただ、オウムの信者は、妙に律儀で、約束は守ろうとするんです。まあこの状況で、約束を破ったらまた激しくバッシングされるとの意識もあるのだろうけれど……。

森巣　そこまで徹底的な排除が行われている。麻原が死ぬまで、死刑は絶対に廃止にはなりませんね。非国民への懲罰を目的とする死刑だから、たぶん麻原が殺されてもなくならない。

▼阪神・淡路大震災と地下鉄サリン事件の相乗効果

森巣　一九九五年に阪神・淡路大震災、地下鉄サリン事件が連続して起こります。片や天災、片や人災ですが、未曾有《みぞう》の災害であったことには変わりがない。あそこいらへんから、日本には「社会」がなくなり、「世間」だけになってしまった、と考えます。つまり論理ではなく、情動の世となりました。

受け取る側――実際に起こっているであろうこと、またそれらに対する解説的、もしくは勝手な思い込みのような言説やら、意識的、無意識的含めて加工された映像といったものを、メディアを通し受容する多くの人たちに及ぼした影響を考えると、この二つの出来事は、セットで考える必要があります。

住民が天災によって命を奪われる。通勤客、地下鉄職員が、突然、命を落とす。予想もできない出来事によって多くの人が亡くなり、苦痛を与えられるこの状況は何なんだという意識が、無力感や不安を、さまざまな位相で憎悪に醸成し、その後の過剰な防御反応、懲罰的な意識を有する世間的感情に繋がった。

森　天災は圧倒的に無慈悲で、圧倒的に無目的です。だから防ぎようがない。もしも天災に動機や目的が介在するのなら、防御策はあるけれど、そんなものはもちろんない。だからどれほど文明が発達しようが、天災の前に人は無力です。その諦観を実感した直後に、まさしく絶妙なタイミングで、地下鉄サリン事件が起きた。天災と人災の違いはもちろんありますが、地下鉄サリン事件もまた無目的で、さらに大気に放散される毒ガスという防ぎようがない手法が使われた。しかも動機については、いまだによくわかっていない。だからこそ不安や恐怖は継続する。その帰結として、共同体の結束や武装化を標榜し始める。どんな戦争でも、端緒は侵略や加害を目的とするわけではなく、不安や恐怖を燃料にした自衛から始まるんです。人類が持つその宿悪とでもいうべき構造が、一九九五年に起動しました。

森巣　メディアが、恐怖と憎悪を増幅する。再構成して提示した。しかし、その提示の仕方はあまりに煽情的です。

森　はい。

森巣　ニュースにしないわけにはいかないから。その結果、全体の〇・〇一％で起こったことが、あたかも全体で起こっているように伝えられてしまう。

森　メディア、特にテレビの現場には、画で伝えることが第一義にある。撮れなきゃ話にならない。じゃあ撮れない場合はどうするか。嵌《は》め画や再現映像ですね。当然ながら意向や作為が介在します。でも客観性や中立性を要求される。この倒錯した構造が、再生産されるばかりです。

森巣　イラクでフセインの銅像が倒されたときも、周辺で騒いでいたのは、米軍にそこに来ることを許された人たち、つまり映画でいえばエキストラと、警察の人間何十人かだけですから。

▼少年法改正議論

森　アメリカで少年たちが学校で銃を乱射して、クラスメートを殺害する事件が続いた時期がありました。アメリカにも少年法があり、その子供たちにも少年法が適用される。しかしこのときは、あまりに悪質な事件で社会性も大きいとの判断で、一部のメディアは少年たちの顔や名前を公表しました。その結果、アメリカ全土からその加害少年の家族宛に手紙が殺到しました。その母親のインタビューがTBSの『ニュース23』で紹介されたのだけど、段ボール三箱分のその手紙のすべてが、母親への激励だったそうです。「うちの息子も昔は悪かったけど今は立派に更生した」とか、「今がいちばんつらいだろうけど、がんばってくれ」とかの内容なんです。ちょうどこのころ、日本で何があったかと言うと、和歌山の毒物カレー事件です。林真須美の家の塀に、「メス豚」とか「死んでしまえ」などといったさまざまな罵詈雑言がスプレーで書かれては消し、書かれては消しを繰り返している時期でした。

　当時、アメリカでもこうして少年の顔や名前をメディアは公表すると、少年法改正論者は主張しました。確かにそうです。でも民度がまったく違う。当たり前だけど、血縁関係はあっても別人格です。むしろいちばんつらい状況にいるのは、加害者の家族かもしれない。でも日本人はその発想ができない。鴻池祥肇《よしただ》議員は、親を引き回しのうえ打ち首にしろと公言し、多くの人がこれに賛同した。怖い社会です。

森巣　イラクの人質事件のときには、高遠菜穂子さんのところに、悪質な脅迫が行われた。

森　まったく一緒です。

森巣　少し自分の理解を超えたことが起きると――理解を超えたといっても、深く考えることもなく、そういった事件に対して、すぐ常套句的に、反社会的という言葉を使う。だけど、なんで反社会的なのか、何が社会かという指標がメディアには全然ない。そもそも自分たちが現在行っていることが反社会的であると考えたこともない連中が多い。だから、考えるための素材を、ほとんどのメディアが提出しない。提出できない。結局、そうやって民意は形成されていく。そして、国民総動員のシステムが完成する。

▼ヒステリーの政治学

森巣　今、働いているのは、ヒステリーの政治学と呼べるものなのではないでしょうか。北朝鮮拉致被害者問題をはじめ、その他の事件でも、被害者の痛みを、まるで自分の痛みであるかのように多くの人が誤解して共感します。

そのことに繋がるのですが、とりわけテレビにおいて、抗議をなぜそこまで怖がるのか。抗議がくるということは、それぐらい琴線を刺激したということであり、それは名誉ではあっても、決して不名誉なことではない。ここが、減点主義の一番の問題点だと思います。自主規制は、抗議の回避を目的として始まり、結果、なんでそれが規制されているかの理由が不明になり、いつの間にか確立された制度として、誰もそれに疑問を発することなく、継続されてきた。

森　抗議をされると傷になる、抗議に対応するだけでも面倒だし、上司に睨まれる、出世にも響く。それなら、当たり障りのないことで済ませてしまおうということです。まさに官僚機構になってしまっている。その官僚システムを監視すべきメディア自らが、同じ官僚システムに埋没している。

森巣　ミイラ取りがミイラになったという言い方では表現できない事態ですから、官僚取りが官僚に成り下がった、と言っておきましょう（笑）。

森　被害者への過剰な共感から、他者への憎悪が始まります。オウムに端を発したこの現象は、北朝鮮問題でさらに加速しました。

森巣　異常という言葉は嫌いです。異常でどこが悪いのと思っています。真面目で健常であるほうがずっとヤバソウだと考える人間です。アジア・太平洋戦争をおっぱじめたのは、すべて真面目で健常な人たちでした。しかし、北朝鮮問題への反応を外側から見ていると、これほど多くの人間が、自分で考える能力がないものかと……。

森　北朝鮮問題は、まずは国交正常化が先決です。

森巣　当たり前ですよね。

森　正常化することによって、日本の観光客もどんどん北朝鮮に行って、さらに情報が流通するようになれば、ルーマニアのようにいずれは内部崩壊します。

森巣　もっと簡単な案もありますよ。テレビを北朝鮮に送ればいいんです。韓国のテレビ放送は映るのですから、そこから情報を得るだけで変化が生まれます。米二五万トンなんて言わないで、テレビ二五万台を渡す（笑）。ただ、北朝鮮バッシングの裏には、恣意的なものを感じます。北朝鮮が潰れていちばん困るのが、実は日本政府でしょ。外部としての北朝鮮を必要とする。外部があるから、内部を統合できる。それで多くの問題を隠蔽できる。

森　一部の勢力にとってはそうでしょうね。アメリカにとってのイラク。

森巣　まさにそうです。

▼被害者への過剰な感情移入

森巣　抗議を恐れるから、現場にいるジャーナリストたちが、これはおかしいよ、と思っても報道できない。それで、無害安全なことばかりを垂れ流す。

私は作品が文庫化されると、そこにメールアドレスを入れるようにしています。すると抗議と脅迫のメールがすごいのですよ。反論ともなっていない罵詈罵倒が山のようにくる。文章なんか書いても金にならないから、本業に専心しようかな、と考えているときに、そういう憎悪のメールを読むと、また気力を取り戻します。おうおう、おっさんたち、怒っとる、と（笑）。

真っ当なことを主張すれば、抗議というものがくるものなんだ、と発想を転換しなければならない。それができないから、異様なまでに被害者側に感情移入したニュースしか流せなくなっている。

森　本当の意味での感情移入ではない。そもそも被害者や遺族が持つ苦悩や苦痛を、共有することなど不可能です。今の潮流は、被害者や遺族が抱く加害者に対しての憎悪の領域ばかりが突出しています。みんなで「許せない」と合唱すれば、カタルシスが得られるんでしょうね。

森巣　森さんはオウムの内側からの視点で、いわゆる「世間」というものを照射した。脅迫がすごかったのではないですか？

森　よく聞かれることなんですけど、まったく脅迫はありませんでした。メールでもない。

森巣　本当ですか？　私のメールは脅迫の嵐。警察の構造的腐敗を書くからなのでしょうが、日本への電話は盗聴されているみたいだし。

森　直接的な被害はありません。むしろ、僕と僕の作品に対しては、黙殺ですね。新聞では扱ってくれても、テレビでは黙殺です。おそらく活字の世界は、テレビに比べればそのあたりの葛藤はまだあるのでしょうね。たとえば、僕の作品の上映会やシンポジウムに来てくれる人たちの九〇％は、まず活字の人です。テレビの人間はあまり見かけない。

森巣　でも、オーストラリアの上映会には、テレビ関係者がたくさん来たでしょう。要するに、黙殺・シカトは、仲間から異物を排除する目的で行われる。

森　オーストラリアだけでなく、世界中どこに行っても、そこが日本でなければ、テレビ関係者は大きな興味を示します。ただ、日本のテレビが僕の作品を黙殺するもう一つの理由は、モザイクを使っていないからでしょうね。

森巣　それなら、森さんがこう言えばいい。自分を使うときは、モザイクを勝手に入れてくださいって（笑）。

森　僕の顔ですか。いいかも（笑）。とにかく『A』のころは、マスから黙殺されることで、自分が異物化されてゆく過程を肌で感じました。

森巣　そうやって異物を作り出し、排除していく。異物があるから、「われわれ」というものが立ち上がる。小さな世界を切り取り、その中で清浄な空気だけを吸っていようとする。オウムも北朝鮮も在日も、森さんや私のような非国民も、まったく同じ存在なのですね。自分たちを被害者と同じ位相と想定する。実は、自分たちも加害者の一端を担ったのだ、と決して考えない。

森　被害者という立場は、自分にも起こり得る悲劇です。だからこそ自らの安全に対しての危機意識が過剰に発動して、その不安が加害者とその予備軍への攻撃に転化する。共謀罪の民営化です。最近は市町村の自警団がとても活発になっている。警察手帳と見分けがつかないような手帳をお揃いで作った自警団があるそうです。

森巣　異物すなわち「かれら」を作り上げ、「かれら」排除のダイナミズムが生まれる。「怖い、怖い」と言っていると本当に怖い世の中がやってくるのは、歴史が何度も証明しました。

森　だから、今後、大きな事件が起こるたびに、さらに過剰なセキュリティへと向かうことになるでしょう。その道筋は着々とできている。

▼「許せない」という言葉

森　「許せない」という言葉が典型だけど、この述語には明確な主語がないんです。自分であり、我々でもあり、国家とかいろいろな主語になってしまう。情感は今回の対談の僕にとってのキーワードですが、一人称であることが前提です。三人称の情感など論理矛盾です。

森巣　大体、メディアが被害者の代弁をするという構図自体が、本来おかしい。

森　うまく言葉にできるかどうかわからないけれど……、家族揃っての夕食時、ニュースを見ながら食べたりするじゃないですか。食卓の会話は、子供たちの学校の話とかクラブの話とか、ところがテレビ画面の中では、トップニュースは保険金狙いで妻と愛人が共謀して夫を殺した話。次のニュースは、幼女を凌辱して殺害した事件の続報。それを聞きながら夕食を食べているということに、すごい違和感を覚えてしまって、……ニュースの価値って何だろうって、ふと思ったんですね。もちろん人の生き死にや、誰かが死んで、誰かが殺されたということは、大事なニュースだとは思うのだけど……。

森巣　センセーショナルに扱う。

森　うん。それも含めて、ニュースって何でしょうね。

森巣　被害者への感情移入ではありませんね。一種の自分に対する癒しになっているのではないでしょうか。被害者への蔑《さげす》みです。おうおう、間抜けが殺された。それに比べてうちは……という。だから妻が夫を殺した場合は、特に詳細に報道される。

森　そうか。なるほど。それは確かにあるかもしれない。

森巣　それで視聴率といったもの、仮想の視聴者の要求に合わせている、と送り手側が勝手に考える。

森　数字の自然淘汰によって、ニュースのプライオリティは徹底して吟味されているはずですよね。新潟の震災報道を見ても、亡くなった人の仔細な個人情報を報道したり、あるいは母子の救出劇を延々と中継したり、奈良女児誘拐殺害事件にしても、犯人からお母さんの携帯電話にメールが入ったその瞬間、どんな様子でしたかなんてことを、近所に聞いて回っている。そんなことを取材して、そして放送して何になるんだろう。それを聞いて僕たちは、一体何を得るんだろうと、最近は考え込んでしまうんです。

第五章　善意の行方

▼社会から世間へ

森巣　前にも触れましたが、オーストラリアには、ＳＢＳという、国費で運営されている、少数者のための放送局があります。朝早くから、主要な国で放送されているニュースをそのまま流し、日本の番組はＮＨＫの午後七時のニュースを、翌朝の五時二五分から放送しています。中国語のニュースは、北京語と広東語の二つを放送している。

他の国の報道と比較すると、ＮＨＫのものはニュースじゃないと思わざるを得ない。目が内側にしか向いてないのです。新潟中越地震のときなどは、悲惨の極みでした。ファルージャ爆撃があろうとなかろうと、そんなことはどうでもよくなってしまった。共同体を再興しましょう。みなさんの協力が必要です。現地の人々はこんなに頑張っているということの繰り返しでした。戦時下のプロパガンダじゃなかろうか。ＯＥＣＤ（経済協力開発機構）に加盟しているいわゆる先進国と呼ばれている他の国で、あんな内容を、ニュースだとして流したら、ディレクターは、一発でクビでしょうね。

三谷太一郎の指摘に、日本の民主主義はすべて「戦後」に始まった、というのがあります。つまり、日清・日露戦争のあとにデモクラシーが芽生え、第一次世界大戦、第二次世界大戦といった四つの戦争のあとに「戦後民主主義」が生まれたという考えです。

私は「敗戦後社会」というのを考えています。日本では、「敗戦後」に「社会」が生まれた。まず明治維新です。あれは徳川幕府の敗戦でした。そして初めて「社会」という概念が輸入された。もちろん「社会」というのは、西欧近代の産物で、翻訳造語です。それまでの日本には、「社会」はなかった。この概念は、永い時間をかけて崩壊します。「世間」に駆逐されてしまう。翼賛体制の出現です。すなわち、ファシズム。

アジア・太平洋戦争での無残な敗北ののち、占領国から押しつけられたものかもしれないが、まがりなりにも「社会」は日本で復活します。しかしこれも「世間」というものによって少しずつ侵蝕されていく。その侵蝕の過程が終了したのが、一九九五年の阪神・淡路大震災とオウム事件だったのではなかろうかと考えています。現在では、社会というものが完全に崩壊してしまい、世間という化け物に支配されている。だから、いわゆる不祥事が起きると、みんながバーッと並んで頭を下げます。そして、言うことは決まっている。世間にご迷惑をおかけしまして申し訳ございませんでした。自分たちが行った反社会的な行為については決して謝罪しない。世間を騒がせたことだけをお詫びする。社会性なんてどうなってもいい。

オウムという集団があり、罪を犯した人間もその中にはいたのでしょう。しかし、ほとんどの信者は何もしていない。そういった人間たちが、世間から身を隠し、細々と一緒になって生きている。そのことを、世間が批判するとしたなら、社会は、その批判から守ってあげるはずなのです。なぜなら、曲がりなりにも社会を持ちこたえさせているのは、論理なのですから。

森　確かに、社会と世間がほとんど同一化しています。本来は、社会には社会の役割があり、世間には世間の領域がある。でも国益とか外交カードなどの言葉を、お茶の間で多くの人が共有している状況を考えると、かつてはあったはずの境界が融解してしまったとしか思えない。悪いことばかりではない、いいところもあるはずだとも思うのですが、現在の状況を俯瞰《ふかん》すれば、少なくともいいところは見えないですね。

やはり、オウムの存在が大きかった。地下鉄サリン事件後に噴出したオウムの一連の騒動の渦中で、メディアが機能停止した。僕の身体感覚でいえば、『A』における不当逮捕のシーンを撮影したときが、大きな転機でした。

森巣　転び公妨。

森　『A』における転び公妨は、捜査側がオウム信者に危害まで加えておきながら、暴行されたと自作自演して逮捕した。それも白昼の公道でです。でも集まっていた群衆の誰もが、この違法行為を黙認どころか応援した。あの限定された時空間が、その後の日本社会に拡散したと僕は考えています。

▼真面目で誠実で優しいからこそ、アルカイダに入った

森　少し前だけど、アルカイダの分子が新潟に潜伏していたという報道がありました。いろいろなメディアが彼の職場やアパートの周辺で、マイクを向けて取材していました。ところが職場や近所の人たちが一人残らず、真面目で嘘もつかないし、優しい人でしたと答える。ワイドショーなどで、このVTRを見たスタジオの雰囲気が、とても当惑しているようで興味深かった。

意外でも何でもない。真面目で誠実で優しいからこそ、彼はアルカイダに入ったんです。最近ではロンドンの地下鉄テロの容疑者が、やはり地元では評判のいい男たちばかりでした。でもメディアは、その構造がまだわかっていない。つまり、アルカイダ＝悪、暴力衝動が強いとか、殺人集団であるとか、オウムに対してもそうですけど、その先入観から入るから、現実に対して拮抗《きっこう》できずに袋小路に入ってしまう。結局、アルカイダの分子と呼称されたパキスタン人は、平凡な一市民だったことが後にわかりました。しかし警察とメディアによって、彼の仕事や家庭は破綻しました。

森巣　メディアには、想像機能がある。自分が勝手に作った想像を、可視化しなくてはいけな

くて、そのために努力する。
森 危機を煽れば数字は上がる。でもいずれはこれを現実化せねばならない。つまり仮想敵を作らなければいけない。……そう考えると、まるでハルマゲドンを無自覚に自作自演しようとしたオウムそのままですね。
森巣 今はさすがにやっていないだろうけど、私が日本に住んでいたころのテレビは露骨でした。事故が起こると、包帯を巻いた人に、ケチャップをかけて画を撮ってた(笑)。それがテレビのリアリティでした。すると、リアリティっていうのは、何なんだ。
森 メディアにおけるリアリティは、本物ではなく、本物らしいということです。これは決して皮肉ではなく、受け取る側の感応力が重要なんです。だからこそ、メディアが発達することで、リアリティは増大せずに逆に消失するんです。ベトナム戦争とイラク戦争のリアリティを比べてみたらいい。あるいは三〇年前のビアフラと今のスーダンの飢饉《ききん》。規模や被害は同じようなものです。むしろ今のほうが悲惨かもしれない。でもメディアがリアルタイムに、わかりやすく、情報量が増大する過程と並行して、受容する側の想像力が消えていくんです。

▼「われわれ」と「かれら」を分けること

森巣 思考を停止させるものが何なのかというところに繋がるものですね。他者に対する想像力を喪失させる主因は何なのか? 私は永い間、そのことを考え続けてきたように感じます。

二〇代の前半、私はセックス・ドラッグス・ロックンロールで、世界を放浪しました。今でも憶えていることがある。アムステルダムで、ドイツの小説を読んでいました。英語版だったと思う。なにしろ当時の私ときたら、ドラッグのやりすぎで、脳みそが耳から垂れ落ちている状態でしたから（笑）、作者も小説のタイトルも憶えていません。でも内容だけはよく憶えている。

舞台は、第二次大戦後のドイツです。復員してきた男がいる。ストーリーは、その男の娘の視点で語られます。

父親は、献身的に社会に奉仕する。よき家庭人であり、よき経済人であり、よき社会人でした。ところが、夜ごとに悪夢にうなされる。断片的に発する叫びは、戦争にまつわるものです。しかし父親は過去を一切、語りません。

それで娘が父親の過去を調べる。すると明らかになったのは、父親が戦争中に行った所業でした。父親は、アウシュビッツで「鬼」と呼ばれたSS親衛隊員だったのです。それまで隠蔽されていた父親の驚くべき過去が、次々とあばかれていく。

娘は意を決し、父親を問い詰めます。

「あなたのような人間に、どうしてあんな酷いことができたのか」と。

そのときの父親の答えはこうだった。

「娘よ、よく聴いてくれ。まず〝われわれ〟と〝かれら〟を分けた。あとは、簡単だった」

これは衝撃的な言葉でした。もちろん、この「かれら」は、「彼女ら」を含む「かれら」の意です。

そうなんですよ。「われわれ」と「かれら」の問題なんです。私はその後、「混血児」を育てるという体験を通し、その部分がより明確に見えてきました。

関東大震災のとき、七〇〇〇人を超す朝鮮半島に外地戸籍を持つ「日本人」たちが虐殺されましたね。外観だけじゃ、わからない。だから自警団が道行く人をとっ捕まえて、

「おい、一五円五〇銭と言ってみろ」

と強要したわけです。無理やり、「われわれ」と「かれら」を分ける必要があった。「かれら」には、何をしても構わなかったのです。

たとえば、朝鮮半島や中国大陸や東南アジアで、無数の強姦と殺人を重ねてきた人たちが何百万人単位で日本へ復員した。その人たちが、善良な家庭人として、経済人として、社会人として、戦後の日本を作った。強姦して、拷問して、殺してきた連中です。なんでそんなことができたのか？　相手が「かれら」だったから、そういう酷いことができた。だから怖い。

イラクのアルグレイブ収容所のあの善良そうな米軍女性兵士、顔を見ればわかりますがそんなに酷い体験をしてきた顔じゃない。アメリカ南部の中産階級のどこにでもいる子供だったのでしょう。それが、ニコニコ笑いながら、兵士を拷問する。なぜそんなことができるのか。それは「かれら」だからできた。

私がいつもこだわる国民・非国民と同じ論理です。オウム相手だからあんなムチャクチャな監視小屋ができ、女性の生理用品まで調べてもいいし、寝てるところに石を投げても、殴っても構わない。そばを通れば殺せ殺せってわめくし、あんなの死刑にしろと主張する。とにかく何をしても構わない。どうしてそういうことができるのか。「われわれ」じゃなくて「かれら」だからできる。「われわれ」ではない「かれら」を、マスコミが勝手に作り上げた。

森 マスコミが作っている領域はもちろんとても大きい。でも、今回の対談に一貫して、僕と森巣さんとの微妙な差異ですが、そのマスコミは何によって形作られるのかと考えることも必要だと思うんです。メディアと民意、世相、世間、山本七平言うところの空気、あるいはアウラ、呼称はいろいろあるけれど、その相互作用だと僕は思います。

関東大震災のときには、少なくとも電波メディアはなかったわけです。ところが朝鮮人の報復が始まるとの流言飛語が飛び交った。いわば自発的なメディアです。確かにメディアの非は大きい。でもここで、旧左翼のように敵はメディアだと拳を振り上げるばかりじゃ、結局は何も変わらない。森巣さんは、その小説に出会ってから、どう変わったんですか。

森巣 その後の体験も通し、「われわれ」と「かれら」を形作る境界というものに、私の興味は向かいました。

森 それで森巣作品では、常に「境界」がキーワードなんですね。

▼善意の衣

森巣　森さんは世の中が善意で動いているとおっしゃる。私は、近年の状況を見ていると、そんなことはないという考えです。

森　オーウェルは、『一九八四年』で、ビッグ・ブラザーという支配権力を設定しています。国家、あるいは組織共同体を支配する特定の意思を想定し、徹底した管理社会とその背後にある恐怖政治を風刺するべく、物語を作りました。

しかし、現状の権力の在り方を考えてみると、『一九八四年』による権力の解釈からは明らかに大きな変化がある。多くの人の自由意思の不作為によって、結果的には権力が支えられている。その場合の紐帯《ちゅうたい》は善意です。この善意の衣の下に、憎悪や嫌悪、あるいは正義や倫理など、様々な規範や衝動も存在しているけれど、最大公約数的には善意の衣を被った三人称複数の主体が、自分たち自身を圧迫してコントロールしている。

人ってあからさまな悪意を持続できるほど強くないんです。端緒は仮に悪意でも、善意へのすり替えくらいは無自覚にやってしまう。この善意の衣の下で、さまざまな規範や情動が、三人称複数の主語に接続する述語となって、他者を加害し、自分たちを圧迫する。でも気づかない。善意のつもりですから。

もちろん統治機構が、メディアを媒介にしながら善悪二元論的な構造に社会を誘うことは、初期の段階ではありえます。この場合は自覚的。ヒトラーもその著書である『マイン・カンプ』に、第一次世界大戦に敗れて疲弊するドイツ国民が、二元的な精神構造に埋没していることを描写して、だからプロパガンダは容易《たやす》いのだというようなことを得々と書いていますね。その後に国民はナチスを熱狂的に支持します。そうなるとヒトラーやナチスの幹部たちも、その熱狂に支配されるんです。つまりビッグ・ブラザーの正体は常に、統治する側とされる側との相互作用における領域に生まれると僕は考えます。この領域は実は、その時点における社会が最大公約数的に認知する善意の領域に適合する場合が多いのです。今もそれは変わりません。

森巣　しかし、ゲッベルスは、「国民がわれわれを選んだ。われわれが国民をどうしようと、勝手である」と言ってます。たとえば、日本の官僚機構を見たとき、その基本は、自己利益と保身じゃないのでしょうか。善意も悪意も関係なし。自分たちさえよければという考えです。結局、それがそのまま深く浸透してしまった。

森　確かに保身も大きな要素だけど、潤滑油のような気がします。

森巣　次に、善意というものは時代とともに変化していきますから、過去の善意というものが必ずしも現在の善意ではありえません。善意を持続する自動律のようなものが定着する。そこで、自動律というものは、必ず硬直し、形骸化します。そうすると、最初の善意というものは形骸化して、実際上行われることは、悪意そのものになってしまう。

森　同意です。倫理に規範をおく以上、確かに善意は麻痺しやすいし、硬直しやすい。日本だけでもこの一世紀で、善意の輪郭は大きく変わっています。

そもそもなぜ、僕が善意という言葉を使い出したかというと、ブッシュなんです。イラク侵攻のとき、これだけ全世界的に反戦運動が沸き上がっている状況で――甘いと言われるんですけど、ブッシュはイラクに侵攻しないだろうと思っていたんです。論理的には中学生だって侵攻できないということはわかる。大義はありませんから。しかしイラク侵攻が始まった。

衝撃というか虚脱でした。同時に、これは石油利権や、軍産複合体の思惑とか、ネオコンの野望などの語彙だけでは説明できないと思いました。ブッシュは、イラクの民衆を本気で救っているつもりなんです。だから、これほどに理のない攻撃ができる。

森巣　あそこまで巨大化した軍産複合体は、動き出すと止まりません。

森　アフガンの助走は確かにあったけれど、でもあの時点では、僕はまだ本来なら制御できたと考えます。

森巣　どうですかねえ。

森　最後の決断の瞬間を僕は想像します。夜、就寝前にナイトキャップをかぶったブッシュは、神にお伺いをたてたのでしょう。主イエスよ、私はイラクの民を救うべきでしょうかとか何とか。そのとき部屋の中の額縁の絵が外れて床に落ちた。そこでブッシュは思う。おお、主は侵攻せよとおっしゃっている。

森巣　それでは、チェイニーや、ラムズフェルドはどうですか（笑）。

森　ラムズフェルドか（笑）。うーん、確実に、ブッシュよりはデモーニッシュなイメージですね。
森巣　その邪悪なミコシの上に乗っているのがブッシュです。
森　ブッシュ自身はバカですから。バカと邪悪は、あまり結びつかないけれど、バカと善意は結びつきやすい。
森巣　確かにそれはそうですね（笑）。しかし、善意のバカが、いちばんタチが悪い。
森　頭の悪いブッシュが大統領になったことで、アメリカが持つ善意や正義への幻想が、一斉に開花して、今回の悲劇に繫がった。チェイニーやラムズフェルドが、どこまで自分たちの利権や関係する会社の利益を考えているのかは、僕にもわからない。
森巣　チェイニーなんて、ちょっと露骨です。あれはもう、顔が「迷惑防止条例」違反でケンキョされてもおかしくない（笑）。
森　顔だけで言えば、僕たちもぎりぎりかもしれない（笑）。ところが彼も、敬虔《けいけん》なクリスチャンだったりする。
森巣　それはまた別なんです。敬虔なクリスチャンであるからこそ、原理主義者であればあるほど、そのエネルギーは異物排除に向かう。敬虔な破壊者たちですね。
森　人を愛しなさいと説く教えを守りながら、ミサイルを撃ち、クラスター爆弾を投下する。この矛盾を埋めるのは、利益や保身だけではなく、やっぱり善意だと僕は思います。

▼オウムの善意

森　そこでやはり、オウムなんです。実際に、オウムの中に入って、なぜあの地下鉄サリン事件を起こしたのかを、僕なりに考えた。

森巣　私には、いつまでたってもわからない。

森　やはり善意なんです。彼らは、本当に救済しようと思ったんです。

森巣　誰を、自分を?

森　世界を。

森巣　そこでの被害者たちは……。

森　ポアや自爆テロが端的に示すように、宗教の領域においては、死と生が等価になり、ときには反転します。そもそも宗教への希求は、人が自らが死ぬことを知ってしまった瞬間から生まれました。世界中、いろんな宗教があるけれど、輪廻転生や極楽浄土など、死後の世界を担保することはほとんど共通しています。だからこそ人は、与えられたこの生を全うできる。でもこのメカニズムは、死と生の価値を転換してしまう。ほとんどの宗教が自殺を厳しく禁じる理由は、死への垣根を引き下げてしまう働きがあるからです。この危うさは、宗教のレゾンデートルに結びついている。

死を価値あることと見なす意識と、救済してやろうとの善意が結びつき、さらには自分たちは攻撃されているとの被害妄想がここに相乗してセキュリティ意識が発動して、一連のオウムによる事件へと繫がった。もちろん他にも、さまざまな潤滑油が存在していたと思いますが、最大の要因は、彼らの善意と、宗教が内在するリスクだと僕は考えています。

森巣　善意は人を殺すことと見つけたり、と。

森　歴史上、人類は、戦争、虐殺を繰り返していますが、すべて始まりは、この善意とセキュリティの過剰発動だと僕は思っています。侵略や虐殺そのものを目的にすることは、事例としてはほとんどない。日本のアジア侵略も、ポルポトも、文革も、アメリカの原爆投下も、さらにはナチスでさえも、ここに包含されます。ただし、主語を失った善意は、森巣さんがおっしゃるように硬直しやすく、自動律にあっけなく従属しますから、とても不定形で不安定な善意です。

▼憎悪と善意は反転する

森巣　ナチスの場合はすべての資源を戦争努力につぎ込みたい時期にもかかわらず、それでもなおかつ鉄道を敷き、多大な労力を割いてアウシュビッツの施設を建造した。

森　そのパッションの根源は何か。ユダヤ人をなぜそこまで。

森巣　基本は、レイシズムです。異物を排除し、抹殺することによって、自民族が純化していくという想定を持っていた。ただし、レイシズムは論理じゃない。信仰です。

森　理屈は後付けです。その信仰の基盤は何か？　自分と他者に対して良かれと思う情動です。

森巣　それでは、原理主義は、基本的に善意になってしまう。善意か悪意かは不明ながら、原理主義というのは、質問が発せられなくなった状態です。すなわち、無知。

森　そこは同意します。でも無知は悪意とは違う。子供の漫画に登場する悪の帝王がいて、「私は世界を征服して今から何億人殺す、ワハハ」と言うのは、やはりファンタジーの世界で、そんな悪辣なことに身をやつすことに耐えられるほど、人は強くはない。逆なんです。「これをやることで、俺は世界を救っているんだ、ワハハ」と高笑いをしている。

森巣　救うと信じているから、大量殺人が行える。でも、アウシュビッツでユダヤ人は救われたのでしょうか。

森　もちろん救われるこちらにとっては大迷惑です。個人の殺人は、恨みや痴情や金銭欲など、いろいろな理由が介在します。でも、大量虐殺や戦争というレベルになると、そんなモチベーションでは持続できない。文字どおりの大義が必要になります。

森巣　憎悪はどうですか。

森　憎悪と善意は反転するんです。

森巣　背中合わせですね。小さな親切、大きなお世話。小さな善意、大きな迷惑（笑）。

森　善意のつもりが憎悪になっているということは、常によくある。典型的なのは、被害者への善意が加害者への憎悪にあっさりと転換する最近の傾向です。だから、その憎悪にも、悪意はない。少なくとも当人は、悪意とは自覚していないでしょう。

森巣　悪意がない憎悪？

森　悪意とは、自覚はしていないんです。善意なんです。俺たちは、あの北朝鮮の人たちが、かわいそうだと思ってんだよと。

森巣　善意で通学中の女子生徒のチマチョゴリのスカートを切っとるんですか？（笑）

森　それは、どうしようもないクルクルパーです。

森巣　いや、「かれら」だから何をしても構わない、と考えているのですよ。

森　善意というものが、最初から最後まで行動原理になっているとは、もちろん思っていないです。まず善意が発火点になって、事象がどんどん進むうちに麻痺が始まり、妄想が始まり、「われわれ」と「かれら」との二分化が始まり、気がついたらとんでもないことになっていた。そういう構造なのではないか。最終的な局面では、誰も善意などという意識はないでしょう。

森巣　朝鮮人を憎悪することによって、日本国民の共同体を作っている。それを象徴するようなレポートが、北朝鮮拉致問題で日本中が盛り上がってるときに「世界」誌に載ってました。

電車の中で、通学中の女性生徒の民族服のスカートをナイフで切ってる男がいた。やはりそれを咎める正気を失っていない乗客もいたわけです。するとスカート切り男は、咎めた男に、「お前、それでも日本人か」

と言った（笑）。スカートを切るほうが、「健常な日本人」だと信じてる（笑）。

森　明快にその通りです。アメリカだってそうです。敵を見つけ、みんなで攻撃することで、自分たちの連帯を高めている。

森巣　一度、手を汚す、汚させるんです。それをできたヤツが、優秀な兵士になっていく。最初は、木にくくりつけられた捕虜を銃剣で刺す。また、相手を、あいつはスパイだという口実で拷問して殺す。それがそのうち、平然と、木にくくりつけられてもいないおばちゃん、おじちゃんたちを殺せるようになっていく。まさに大日本帝国陸軍の教育方式ですね。

森　はい。でも手を汚すという感覚ではないはずです。自衛であり、正義であり、そして善意です。だからこそ事が終わると、まさしく憑物《つきもの》が落ちたように、あれは何だったのだということになる。

森巣　そういうことでしょうね。

森　愛情深い普通の父親になり、普通の息子になるわけです。いや、殺戮しながらも、きっと普通の父親であり、普通の息子なんです。

▼最初の一歩は単純な善意から始まる

森　今、メディアに携わる人間も、確信犯的に状況を悪くしようと思って仕事をしているわけではなく、どこかで日本を良くしよう、自分たちの理念を全うしようと考えているとは思います。それが硬直し、麻痺し始めている。さらに、僕が危惧している一番の点は、自分たちが手を汚しているという自覚があれば、まだ改善の余地が存在するんですが、それすら消えてしまったときに、まさに自動律が始まるんです。

森巣　無自覚性のスタンピード。

森　『A2』で、群馬県藤岡市の住民たちと信者が仲良くなるシーンがあります。最後に信者と住民が一緒に、監視テントを解体します。あの場面には、全メディア――テレビは地元にキー局、新聞も地元紙に四大紙、週刊誌、とにかくほとんどが来ていました。でも結論としては、一社としてまともには報道しなかった。半分は仕方がないと思う。僕もかつて『ザ・スクープ』に出演して、『A』をオンエアしたときにきた抗議を知っていますから。そういった抗議に対応できるほどの強さを、彼らは持っていない。ところが、それに対しての後ろめたさがないんです。住民たちが、撮った記者に対して、お前どうせこれボツだろうと言うと、笑いながら、あったり前ですよなどと言っている。

森巣　そもそも特ダネというのは、各社が報道しないものをやったということです。みんなが揃って報道しないという状況は、メディアの自殺行為以外の何ものでもない。

森　スクープについては、他社より早いということだけになってしまっている。

森巣　それは最大でも一日だけ早いとか、その程度の問題でしょう。

森　ほとんど意味がない。一日早いからといって何の価値も生まれはしないのに、時間競争だけがスクープの基準になってしまっていますね。

森巣　他社が報道しなくて、一社だけが報道すれば、それこそ視聴率が飛び跳ねる。違いますかね。

森　まったくその通りです。周りを見ながらやっているから、足が止まってしまうのでしょう。

森巣　保身ですね。善意や悪意の問題ではなく、保身です。善意、悪意とはまったく別の運動律が働く。

森　善意との関係は、それ以前の出発点、モチベーションの形成に大きな役割を果たすけれど、次の状態は、麻痺であれ、保身であれ、もう善意なんてものからは隔絶しています。善意をもし持続しているのなら、ホロコーストなど起こりえない。かつての日本軍も、天皇の赤子《せきし》として、大いなる善意のつもりで中国大陸に進出していった。そういった意識が疑似ではあったけれど共有できていたからこそ、多くの人は高揚した。でもおそらく、戦場に着いたときには、欧米列強からアジアを救うだなんて、誰も思ってはいない。そんな思い込みの善意は、圧倒的なリアリティの前ではもう消えています。あとは憎悪と恐怖、そして麻痺です。レーニンじゃないけれど、最初の一歩は単純な善意から始まる。しかし、集団の自動律に埋没することを継続すれば、善意の意識など消えています。

▼自分はいいことをしている

森　メディアにおいては、善意とわかりやすさは、とても相性が良いんです。事件が起こると、すぐに結論を出してわかりやすく提示する。よく吟味もしないうちに、解説を施して、決めつける。曖昧な部分を提示しても受け取る側は納得しない。数字も落ちる。だからわかりやすさが、メディアにおいては至上の価値になる。でもこの営みを、利潤最優先の帰結とは認めたくない。だから自分を正当化するんです。使命感と言い換えてもよい。こうして事象や現象をわかりやすく簡略化する悪循環の構造に飲み込まれてしまう。

森巣　主流メディアの中でも役割分担があってもいいとは思う。たとえば、イギリスですと、いろいろとバカなことを、タブロイド紙は書きます。「ガーディアン」や「インディペンダント」といった新聞は、背景がきちんとわかる解説を含めた記事を書く。ところが、日本の状態はすべて同一の報道ですね。北朝鮮についての記事内容などを見ていると、「朝日新聞」が左なんて冗談言うなと。「朝日新聞」から「産經新聞」まで、程度の差こそあれ、同じとなっている。

森　特にこの数年、その状況は強くなっています。民意がどんどんとその方向に向かっていることの反映だと思います。こう言うと、また森巣さんから反論が……。

森巣　また、民意とは何かの問題となってしまいますが（笑）。曖昧なものは曖昧なまま、その答えを自分で考え出そうとしない。曖昧なものに、無理してわかったフリをする必要はない。曖昧なものとして、そのまま放っておいていいんです。簡単な解答を与えてはいけない。

そもそも世界とは、異質なものが混じり合って成立している。森さん流に言うのなら、それゆえ世界は優しいし豊かなのですね。それに対して一元的な理解をしてはいけない。異質なものは、わからなければわからないでいい。

だけど、それを怖がるな。

みんなが一緒の社会のほうが、ずっと怖いのです。異質なものを混ぜて一緒にやる。これが本来の意味での多元主義の立場です。異物はわからないからといって、排除してしまったら終わり。そこで思考は止まります。わからないものはわからないまま、置いておいて、一緒に考えればいい。

自分も考える。向こうも考える。自分が何かしようとしたら、嫌なヤツも入れる。好きなものだけで集まっても、仲良しグループができるだけで、つまらないものしかできない。だから、メディアには、多元性があっていいはずなのに、一元化されて、みんなでいい子グループをやっている。「救う会」にしろ、「新しい歴史教科書をつくる会」にしろ、下部で働いてる人たちは、自分はいいことをしていると、きっとみんなそう信じているのでしょう。福音を伝道しているのだと思っている。

ところが、わからない、理解できない相手は、はじいてしまう。北朝鮮の手先だ、アルカイダの兵士だ、テロリストだ、非国民だと排除してしまう。なぜかは理解できないけれど、テロリストたちがあれだけのことをするには、それなりの理由があるんだと考えることができない。わからないのなら、なおのこと相手を知ろうとするために、その考えを聞き、知ろうとするべきにもかかわらず、わからないからといって徹底的に差別する、排除する。

ペルーの日本大使公邸を占拠したゲリラたちは、みんな死ぬ気で行動していた。命を懸け、身を挺しても訴えたい、表現したいことがあった。その主張を、テレビを見ている人間が洗脳されてしまうかもしれないからといって、報道しないというのは、何事かと思う。テロリズムが犯罪なら、そのメディアの姿勢も明らかに犯罪行為です。

森 本当ですね。

森巣 そんな主張が通るのは、世界中で独裁国家と日本のメディアだけでしょう。北朝鮮や中国には言論の自由がない。報道が統制されているって、よく右派の人たちは主張するのですが、日本では統制する必要がなくなっているだけじゃなかろうか？　安倍晋三なんて三代にわたって日本を喰い物にしてきた奴の言う通りにしている。実践して初めて言論の自由は守られるのです。

▼安直な説明の蔓延

森 わからないことを、みんながわかろうとしすぎている。

森巣 単純な説明で安心しようとする。

森 たとえば、佐世保の小六女児殺害事件で、その事件の起こった動機やら、理由についての報道のされ方が、日々、変化していきました。事件当夜は、犯行があった学習ルームが話題になり、次の日はカッターナイフが問題だと。その次の日は、インターネットです。またその次の日は『バトル・ロワイアル』でした。

森巣　警察のプレスリリースが元ネタ。

森　公式なリリースかどうかはわからないけれど、警察のリークがベースにあることは確かでしょう。

森巣　様子を見ながら、毎日、少しずつ違うのを出す。

森　少年事件というのは、本当に概要がつかみづらいから、報道が難しい。でもメディアは、まだわかりませんとは言えない。

森巣　なぜ言えないのですか。

森　僕も、それを言えばいいいと思っているので、わからない。

森巣　知らないことは知らないと言うことから、知ろうとする努力が開始される。

森　そうです。わからないけれど、数字がとれるからニュースは続けたい。でも大したネタはない。だから、この学習ルームというのは、一体何でしょうといった話題になってしまう。

森巣　まさにそれゆえ、学習ルームを禁止しろ、カッターナイフを禁止しろ（笑）。『バトル・ロワイアル』を禁止しろ、インターネットを禁止しろってね（笑）。

森　『バトル・ロワイアル』公開のときに、民主党の議員たちが働きかけて、子供の鑑賞への規制のための議員連盟を作った。それに対して、表現の自由の侵害だとメディアはすごく反発した。同じメディアが、『バトル・ロワイアル』が一つの要因らしいです、なんてよく言えたものだと思う（笑）。

その一年前にも、長崎で中学一年生の少年が、駐車場から男の子を突き落として殺害した事件がありました。その加害少年が、母親と手をつないで買い物に行っていたとの情報があって、それがいけなかったのではなかろうかといった意見には、呆然としました。

森巣　手をつなぐのを禁止しろ（笑）。

森　その溺愛が原因だという。あるいは別のケースでは、愛情不足が原因にされる。人間はそんなに単純にできていません。

▼そこには人間がいた

森巣　森さんは、結局、情だということをおっしゃる。そこが、森さんと私の違うところと考えます。情と言ってしまうと、その行く先は、「ふるさと」とかそういう論理を除外した部分へとつながってしまうのではないか。「救う会」や、「家族会」になってしまうという恐れがあります。

つらくとも、最後まで論理は通さなくてはならない。繰り返しますが、なぜなら曲がりなりにも社会を支えているのは論理だからです。論理というと、現実から遊離しているように思う人たちがいますが、それは間違いです。論理は、現実から導き出されたものなのです。

森　僕は、情という言葉を、もっと回復したほうがいいという文脈で使っています。回復の前提としては、人間は本来、もっと優しい存在のはずだという前提があるんです。まあ、ここが能天気などと批判される所以《ゆえん》なんですけれど。

森巣　多様性を豊かさと捉えるか、あるいは空気が汚れると捉えるかということですね。多様性があるからこそ世界は豊かだという考えにつながるなら問題はない。ところが、多様性を排除する。純なものばかりにしていこうとする力学が、情ではないのでしょうか。多様性とは、異質なものを含む。社会というのは、異質なものが集合し、構成されている。しかし、その中から異質な部分を取り除き、社会を純なものにしていこうとするダイナミズムが情では働いてしまう。そこを持ちこたえ、論理で押す。

そもそも法治主義とは、論理の世界です。感情ではありません。そうすると、必ず出口がどこかに見つかる。もしくは、見つからないまでも、見つからないという自覚が生まれる。ところが当然にも、情というのは、洗脳の集積です。完全には論理と無縁とは言い難いけれど、無自覚な部分にある。

森　繰り返しますが、住民とオウム信者が交流したとき、彼らは、それを「仲良くなってしまった」と表現する。その心中にあるのは、本意ではなかったのだけど、実際に知ってしまうと、情も当然湧いてくるといったことへの、戸惑いというか、照れのような部分が表現されていました。

森巣　メディアによって教えられたように、化け物じゃなかった。そこには人間がいた。

森　はい。その前段階では、排除し合っていたわけです。オウムにも住民との接触を忌避したいという感覚はあったでしょうし、住民は住民で、オウムに対する危機意識は非常に強かった。その状態で、論理だけで進んだとき、互いが触れ合うことはたぶんないまま、終わってしまったのではないかという思いがあります。

あるいは人と人とは共存できるとの論理をここで持ち出しても、圧倒的な嫌悪の情には対抗できない。人は情に流されるからこそ、最後は情で立ち直れるのではないか。もちろんこの場合の情は、論理の骨格を持った情であればベストです。つまり論理はやはり、いかに正しくとも、破綻する局面を絶対に回避できない。情は、その意味では、さまざまなリスクを孕《はら》みながらも、もっと強固なんです。

森巣　住民にとって、最初は、オウムというのは人間ではなかった。悪魔だった。その悪魔が、近所で生活を始めたら、何だ、普通のおにーちゃん、おねーちゃんじゃないかとわかってきた。相手を人間として認知して、交流が始まる。住民にとっては、オウム信者は、まだよくわからないはずです。それでも、人間として認知できた。そこで、森さんのおっしゃる情のようなものが働いた。しかし、その前の段階、オウムは悪魔であるという想像が、メディアによって無理やり作られていた。ところが、実際に知ってみると――。

森　そうではなかった。

森巣　悪いことをしたカルト集団かもしれない。けれど、その構成員は人間だった。隣のおねーちゃんとどこが違うんだということになった。基本的には、情というものは、最後まで殺せないものだけど、それでも、情というものを可能なかぎり取り去って論理を進めていくと、必ず交差する部分がある、異質なものを相互承認せざるを得ないと考えています。そもそも、すべての人間は異質なのですよ。

森 それは情が付随した論理です。あるいは論理の骨格を持つ情。ちょっとずるい言い方だけど、どちらも必要です。ロジカルな部分だけでは、オウムと住民は、決して寄り添えなかったと思う。

森巣 なるほどね。

▼他者への寛容性

森 オウムに対する住民票不受理の問題も、人権派などがロジカルに詰めていっても、どうにもならなかった。憲法違反は誰もが承知していた。でも、それでは受理しましょうとは、誰も思わなかったわけです。

森巣 住民票不受理にかかわった者たちは、全員、塀の内側でしゃがませるべきだったと私は考えます。当然です。それが法治主義というものなのですから。情で押したら、集団ヒステリーに行くだけ。たとえ、オウムと住民の問題が解消したといっても、また新しい、次のオウム的なる問題が出てきます。

森　はい。森巣さんのおっしゃるように、情は危険です。暴走します。だから論理性が、まったく必要ないとは思っていません。論理性があったうえでの情だと思っています。そもそも、情の基点をどこに置くかが問題なんです。

森巣さんの文脈を借りて言うと、今、僕らが抱いてる憎悪や、異物に対する危機感、排除感というのは、メディアによって与えられた幻想かもしれない。そうすると、その前段階、つまりメディアによって刺激される前の僕らは、他者に対しての寛容性をもっと保持できていたのではないか。ならば、そこに立ち返れば、もっと違う局面になるのではないでしょうか。

森巣　国民国家が形成されていく過程で、ナショナリズム、レイシズムというものが要請された。これは西川長夫の指摘ですが、フランス革命のころ、当時フランスと呼ばれた領域の住人の大半は、フランス語を話せなかった。そこから、フランス人というのはフランス語を話すものである、とする教化が始まります。外部を作ることによって、内部を統合するのですね。

日本人だって、同様です。西南戦争のころ、自分のことを日本人だなんて思っていたのは、ほんのひと握りの知識人だけですよ。それが、日本人とはふんどしを締めるものだ、という教育すなわち洗脳が行われる。日本人の女子はズロースを穿くものだ、という教育に至っては、昭和の時代（七年）の白木屋の火事以降です。

オウム信者にしろ森さんにしろ私にしろ、「日本教」という宗教を妄信していないから、非国民となるわけです。非国民の要請は、当たり前ですが、国民国家によってなされます。レイシズムの要請が、植民地主義、帝国主義によってなされたように。

▼「怖い」というメッセージの蔓延

森巣　オウム以降、行政、司法、立法も、メディアもすべて、それこそ社会挙げての「怖いぞおう、怖いぞおう、怖いぞおう」というプロパガンダとなってしまった。異物を抽出し、標的として「怖い、怖い」というプロパガンダをする社会は、実際に怖いものとなる。

森　「怖いぞ、怖いぞ」の声が、自分自身の内側に、自家中毒のように蔓延していく。

森巣　それにしても、なぜ「怖い」というメッセージばかりが発せられるのですか。

森　日本で言えば、震災に対する危機意識の構造と同じだと思います。いつ起こるかもしれない大震災への漠然とした不安。多くの人が抱く意識の底流へ訴えかけるメッセージは、当然ながら多くの人が、否応なく反応してしまう。行政もメディアも、そこにニーズがあるという認識が、自分たちの存在意義の確証を刷り込ませようという行為に繋がっている。

たとえば、災害時に備えるための予算が必要だということを過剰に訴え、実際に有効利用されそうもないことに予算が組まれる。凶悪犯罪が増加していると不安を煽り、取り締まり強化のための法案成立への流れをつくる。そしてメディアは、危機意識に訴えるほうが視聴率が上がるから、そんな報道ばかりになっていく。そういった細かい一つひとつの流れが重なって、社会全体が恐怖そのものに溢《あふ》れてしまう。

森巣　人々が持つ恐怖とか不安で商売している。

森　同時に、仕方がないという諦観も大きいと思うんです。どんなに科学技術が発展しても、震災や水害という、自然にはやはり勝てないという思い。そして、それが実際に起こった。阪神・淡路大震災において、これだけの犠牲が出てしまうのだという諦めのような思いで、社会全体が呆然としている二ヶ月後に、地下鉄サリン事件が起き、オウムへの強制捜査から一連の騒動が始まる。しかし、この一連の騒動は人災であるにもかかわらず、動機がまったくわからない。

森巣　そこで恐怖は増幅する。

森　二つの事件が立て続けに起こり、強い相乗作用が働きました。諦観と不安が入り混じった状態において、危機管理やセキュリティが、最重要課題になってしまった。そして、「怖い」の大合唱が続いているうちに、自分たち自身が怖い存在になりつつある。

森巣　身の安全を図りながら、どんどん危険に向かって驀進していく。

森　戦争や虐殺は、その増幅の果てにたどり着く終着駅です。不安が高まり、危機管理のシステムが構築されることで逆に内部照射され、恐怖感や猜疑心《さいぎしん》が飽和して、他者への攻撃が始まる。そして、気づいたときには、累々たる死体の傍らで呆然としている。今のメディアの状況を考えたとき、すでに善意という意識から、その次のステップの麻痺という事態に至っているかもしれません。

そこで、森巣さんとの差異ということで、情動と論理という点がありましたが、ここで、性善説と性悪説という二元論で設定してみようかと考えたのですが……。

森巣 森さんは性善説。私も、基本的には、性善説です（笑）。

森 端《はな》から設定に無理がありました（笑）。僕も性善説をとるかと問われても、答えに困ってしまいます。つまり、善の中にも悪はあるし、それらをすべて含んで人間であると。

森巣 善と悪は、背中合わせの部分がある。普遍で永劫《えいごう》の善を信じている連中が、いわゆる原理主義者です。だから暴走する。

森 暴走します。悪意は暴走しない。ただし開き直ります。

森巣 悪意には、ある程度までの、底というべきか天井があるのかもしれない。ところが、善意というのはどこまでも突き進んでしまう。

エピローグ　いかに軸を据えるか

▼オウムは日本の九・一一だった

森巣　権力にとって敵の存在は、非常に好都合なものです。敵がいるから国民を統合できる。これは昔からの常套手段ですね。しかしそれを監視すべき第四の権力であるジャーナリズムが、権力の広報装置となっている。抗議を恐れ、本来の存在意義を忘れている。

　ところが現在の日本で、抗議というのはほとんど必ず、右側の人間からくる。左翼なんて、電話ボックスの中で中央執行委員会が開けるくらいの勢力しかないのだから（笑）。だからどんどんおかしな方向に突き進んできた。

森　オウム報道のときも、さんざんありました。オウム報道に対して、あるいはオウムに対する社会の過剰な動きに対して批判的なことを書く場合でも、「確かにテロ行為は許せない」とか「オウムの罪を肯定するつもりはもちろんないが」とかのフレーズを、つい文章や発言に入れてしまう。そんなこと当たり前なのに。今もなお、多くの報道においてその心性は共通して存在し、そういった表現が溢れています。たぶん僕自身も、そういう文章を書いたことはあったと思う。

森巣　その無自覚性の積み重ねの先にある社会こそが「怖い」のです（笑）。いつの間にか、私みたいな人間がサヨクと思われるような世の中になってしまった。私は立場は明瞭です。左翼は難解、右翼は厄介《やっかい》（笑）。アメリカでは、愛国者法（反テロ法）が成立しました。日本もその方向に進んでいる。

愛国者法を成立させたUSAは、私がセックス・ドラッグス・ロックンロールをやっていた頃のUSAではありません。敵を作り、敵を攻撃することが正義となりました。おまけに、それに反対すれば非国民です。

愛国者法の引き金となった九・一一が、日本では、その六年前に起きている。オウム事件当時の日本を、実は私は詳しく知らないのですが、森さんがお話しくださったことを聞いていて、日本では、九・一一が六年早く起こったのではなかろうか、それが、オウム事件だったかという思いを強く持ちました。

森　『A2』の公開直前に、九・一一が起こったとき、不謹慎な言い方は承知ですが、内心はこれで映画がヒットすると思いました。しかし、蓋を開けたら全然ダメ。隣の家の芝生は批判できても、自分のところの芝生は見たくないんだとつくづく思いました。

森巣　その芝生が穴だらけなら、なおさら見たくない。

森　そのとき、九・一一以降のアメリカも、オウム以降の日本と同じ構造になるだろうなという気がしました。やはり恐怖に対して、おしなべて人間は弱い。

森巣　九・一一の直後、多くの人が星条旗を掲げた。バカたちが、USA、USAと合唱した。それを一気に利用して、愛国者法制定へと繋げる。星条旗を掲げるのは、人それぞれに理由があったのでしょうが、その現象を切り取って、権力側の都合のいい部分へ落とし込む。

森　アメリカと日本のメディアを比べてみると、アメリカは、国歌や国旗が好きですね。メディアだけじゃないか。

森巣　多文化、多民族国家統合の象徴とされるからでしょう。

森　普通の家でも、星条旗を結構立てています。あれが日本なら、みんな右翼でしょう。

森巣　いや、右翼ながらもシンタローは立てませんよ（笑）。

▼メディアの特権

森　だからこそ、メディアがそういった事態に対して、どのように機能できるかが問われます。今のメディア自身も、善意を体現しようとして、そこに正義という言葉を入れ替えて、その御旗の下、麻痺し始めている状況ですから、社会全体の善意による暴走という構造は、拍車がかかるばかりの状態になりつつある。

森巣　それでも、表現することを恐れていてはいけない。異議申し立ては必要なのです。周囲に気を取られて、保身しているようでは、奈落しか待ち受けません。森さんが書かれていたことですが、表現することによって傷つく人がいるかもしれない。それは絶対どこかにいるのです。それを気にしてばかりいたら、何も書けなくなってしまう。表現とは誰かを傷つける可能性を含むものなのだという自覚は必要です。その加害者性を受容して、表現が開始される。

森　傷つくであろう人がいるということは、気にはしてほしいし、忘れてほしくない。だからといって、気にしすぎてしまったら、それで機能しなくなってしまう。後ろめたさを思いっきり持って、ああ、こんなに毎日毎日多くの人を傷つけているって、めそめそ泣きながら仕事をするくらいの気持ちを持続してほしい。その自覚もないのに、ジャーナリズムや表現に携わってはほしくないですね。

森巣　人を刺すのは、自分も刺されることを受け入れて、はじめて成立可能な行為です。自分が刺されることを受け入れないから、現状のように、どんどん抗議のこないほうに向かってしまった。

森　……でもね、刺される窮地にまで自分を追い込む必要はないんです。メディアの特権は、人のことを刺すけれど、自分は刺されない位置にいることです。とんでもない特権です。だからこそ、それに見合うだけの自覚と働きは、当然要求されるべきなんです。

森巣　特権ばかり食って義務を果たさない異様に高給取りの大メディアの給料は、やはり一〇分の一にしなければならない（笑）。

森　結局、そこか（笑）。

森巣　でも、そうすれば痛みがわかって、必死に考えますよ。

森　確かに、特権的な立場を付与されている現在のメディアを、その給与条件なども含めて総合的に考えると、この体たらくは酷すぎますね。

森巣　大手メディアの給料が、2ちゃんねるに憎悪の書き込みをする奴らのレベルまで下がれば、連中、書き出しますよ。そんなこと知ってた。なら、書けよ。どんどん書きます。それで初めて、私たちが判断することが可能となるのです。やはり、絶対に年収を三〇〇万円程度までに下げにゃならんですな。今に満足してて、あの人たちかわいそう、ああ、あの人たちもかわいそうと報道することが仕事だと思っている。そこまでしないと、連中のメッキがはげない。

森　森巣さん、その慣用句は今ね、放送業界では禁止用語との噂があるんです。メッキ業界からクレームがあったそうです（笑）。

森巣　メッキ業界から……。

森　最近のメッキははげないそうです。

森巣　すごいクレームだ。しかし、私は断固としてそのメッキをはがしてやりますから、謝りません（笑）。

▼メディアは卑しい仕事です

森巣　森さんは、メディアに従事する自分を、どのように捉えていますか。

森　あるメディアのシンポジウムで、僕が話をしたあとの質疑応答のとき、NHKのプロデューサーが発言しました。「メディアの責任について、森さんはどう思うか」と。

このとき彼が言及した責任とは、先ほどのメッキの例のように、抗議がきたときの対応です。ならば僕は、「基本的には責任は取れないと思ったほうがいい」と答えました。少しだけ場はざわつきましたけれど。

そもそもメディアは、事が起きたときに、「誰が責任を取るんだ」式の対応では追いつかないほどのポテンシャルがあるんです。大量破壊兵器みたいなものです。それだけの影響力があり、場合によってはテロに匹敵するほど危険なジャンルなんです。まずはその意識を持ったほうがいい。「ニューズウィーク」で「コーランをトイレに流した」との数行の記事が載っただけで、アフガンやイラクで暴動が起き、何人もの人が死にました。担当記者が辞めたとしても、それで責任を取りきれるはずがない。

だからまず、その覚悟をすべきなんです。コーランの記事は、本当かもしれないと僕は思っています。ならばそれを知った以上、メディアは書くべきです。その結果、人が死ぬ。そんな仕事をやっているとの覚悟をすべきなんです。

もちろんその覚悟をまずはしたうえで、個々の抗議に対応して、場合によってははねつけるか、あるいは訂正するか、発表しないことも含めて、それは個々の判断です。抗議の一つひとつに向き合っていたら、メディアは機能できなくなる。

でも同時に、抗議の一つひとつを聞き、悩み、対応をしなくてはならない。矛盾です。でもそういう仕事なんです。常に心の中では、抗議があることを意識していないといけない。しかし、長くその位置にいればいるほど、意識は麻痺して、その特権というものの上に胡坐《あぐら》をかいてしまう。

自分がくだらない、虫けらみたいな人間なんだというところから出発したほうがいい。正義であったり、公共の福祉であったり、知る権利とか、表現の自由がどうだとか、そういったことを持ち出すから、どんどんどんどん錯覚していってしまう。

一回原点に立ち返ればいい。メディアという仕事は、ほとんどが人の不幸をあげつらうことで成り立っている。不幸でなくとも、聞かれたくないようなことまで取材しなければならない場合もあるし、取材方法だって家族には見られたくないようなことばかりしています。そしてその結果、常に誰かを傷つけることで成立しているんです。そのことに対する後ろめたさを持ったほうがいい。それだけは、絶対なくすべきではないと思っている。卑しい仕事なんです。その視点から、もう一度、メディアというこの重要なジャンルと、向き合うべきと思っています。

森巣　すこし付け加えたいと思います。私の本業は博奕でして、副業として文章を書いてます。だから森さんと同じく「兼業作家」(笑)。「兼業作家」を始めて、今年で七年目ですか。文章なんか書いても金にならないのですが、それでもこれまで続けてきたのは、主張したいことがあったからです。

さて、その私の主張によって、おそらく論破されちゃったからなのでしょうが、名指しで批判された人たちから反論がなされない。スパイからの報告によれば、逃げ回っているそうです。

その代わりに、

「あいつはオーストラリアという安全な場所に身を置いているから、あんなことが言えるんだ」

という批判は、ずいぶん頂戴しました。

でも、この批判は、どこかおかしいですよね。それは、日本が「危険な場所」であることを認めているわけです。ならばなぜ避難しないのか。

森　でも森巣さん。それはそうだけど、僕らはオーストラリアに簡単には移住できないです。

森巣　だったら、今いる場所を安全にすればいいのです(笑)。

森　ああ、そうか。そりゃそうですね。

森巣　もし日本が「危険な場所」であるなら、なぜそれを変えようとしないか。変革なんて言うとバカにされるようなニヒリズムの共同体に、どっぷりと身を浸しながら、奈落に落ちるのを待っていても仕方ないのじゃなかろうか。

永い博奕体験から、私には言えることが一つある。それは、希望が絶望に変わるのは諦めたときなんです。諦めちゃいけない。絶望に陥ってはいけないのです。やれるところから、変えていきましょう。その意味で、日本のマスメディアには、重大な義務と責任があることを、しっかりと認識してほしいと思います。

と偉そうに言ったところで、時間切れですか。でも森さん、オーストラリアって、いろいろと問題を抱えた社会なのですが、日本から来ると空港に着いた時点で、解放された気分になりませんか（笑）。

森　たしかに。多民族多文化であるからこそ、とても風通しがいいですね。でも、いちばんいいのは、日本に降り立ったときに、そう感じることができるようになることです。

後口上

森巣さんの「前口上」に合わせて「後口上」と書いたけれど、『広辞苑』にはこの言葉はない。ネットで検索すると、前口上が文中にあるサイト数は約一七万二〇〇〇件。後口上は一一六件。

数量には圧倒的な差はあるけれど、少なくとも存在はしている。正しい語彙ではないかもしれないけれど、意味は伝わる。ならば使おう。原理原則は大切だけど、囚われすぎることもきっと、この本にはふさわしくない。

森巣さん自身はもしかしたらもう忘れているかもしれないけれど、先に淡い恋心を告白したのは僕のほうだ。二年ほど前に、某月刊誌の書評企画で、自作を批評された人が次号で誰かの作品を批評するというリレー形式の連載で、僕は森巣さんにバトンを渡した。そのときの書き出しの部分を、以下に貼りつける。

急速に排他的擬似ナショナリズム化する今のこの日本社会への違和感を切実に訴えるお手紙を、香山リカさんから頂いたのは三月前。次の方にリレーしてくださいとの編集部の指示に、さてこの重くてしぶとくて大事なテーマを、いったいどなたに引き継いでもらえば良いのかと悩みながら二ヵ月が無為に過ぎました。

実は森巣様のお名前は当初から意識にありました。ただ面識もない方にいきなりお手紙をお送りすることはあまりに不躾だし、「森達也って誰だそれ？」と言われることも辛いなあと思いながら日々が過ぎました。でも先日、イラクへの自衛隊派遣問題について石原慎太郎都知事が、こんな発言をしたことを新聞記事で知りました。

「平和目的で行った自衛隊がもし攻撃されたら、堂々と反撃して、せん滅したらいい。日本軍というのは強いんだから」

何これ？　漫画の吹き出しを入れたくなるけれどギャグじゃない。正式な記者会見における発言です。もはや思想とかそのレベルじゃない。

「日本軍というのは強いんだから」

たぶん今年八歳になる僕の息子も、この台詞《せりふ》は赤面して言えないだろうな。でもそれを、一国の首都の最高権力者があっさりと口にして、そして（ここがいちばん面妖なところだけど）、誰もこれを咎めない。一億二千万総思考停止状態。事ここまで至るのなら、もはやこちらも最終兵器を出さざるを得ない。というわけで、森巣様にお手紙したためる決意を固めることができました。


こうしてこれ以降、僕と怪人森巣との付き合いは始まった。かなりアンビバレンツな表現だけど、森巣さんはまさしく、非戦のための最終兵器。もしも彼が頻繁に出撃せねばならない事態なら、それはすなわち敗色濃厚を意味する（でもこの最終兵器は、意外と腰が軽い。九時間のフライトをものともせず、時おり六本木あたりに出没しているらしい）。
本書タイトルに「ご臨終」の言葉を使うことは、森巣さんの発案だ。僕が提案したタイトルは、「毒が薄い」とか「意味不明」などの理由で、すべて却下された。メディアに死なれては困ると思い、このタイトルに僕は当初は乗り気じゃなかったのだが、でも「臨終」はつまり「終わりに臨む」わけで、まだ正確には終わりじゃない。微妙だけど、ほんの数ミリか一秒の何分の一を残して、まだ終わっていない。僕はそう解釈することにした。このタイトルにはその意味で、森巣さんの挑発と僕の希望が、少しだけ注入されている。
論理と情動を巡る相克については、読者の皆さんの判断に任せようと思う。とても微妙で重要な差異だけど、でも同時に、同じ概念の表裏であるような気もするからだ。当たり前だけど二者択一じゃない。どっちも大切で、どっちも必要だ。

男は強くなければ生きていけない。優しくなければ生きる資格がない。

ケアンズの海岸に沈む夕陽を眺めつつ、思いきりビターなドライマティーニを口に含みながら、フィリップ・マーロウのこの台詞を、僕は最後に嚙み締めた。※

※注　飲みなれない酒がたたって、森は翌朝、二日酔いで苦しんでいた。

付記

最終ゲラが届く三日前、衆院選の結果が出た。自民圧勝。今日の世論調査では、「これほどに自民が勝って不安だ」との声が六八％。今さら何言ってやがる。投票したのは誰だよ。人はこうして焼け野原で、呆然と空を見上げる。郵政民営化という見せかけの焦点と、刺客やマドンナなどの刺激性にメディアが酔い、大衆は見事に踊った。「やっぱり文字どおりの〝ご臨終〟じゃないか」。そうつぶやきながら、頭を抱える森巣さんの姿が脳裏に浮かぶ。

でもまだあきらめない。往生際が悪いけれど、森巣さんの言葉を最後に繰り返す。対談中は森巣さんの引用にしては捻りがないなあと思ったロシアのことわざだけど、今はとにかく心に沁みる。もしかしたら、これが彼の本質なのかもしれない。

「最後に死ぬのが希望です」

森 達也

森 達也（もり たつや）

一九五六年生まれ。ドキュメンタリー作家。九八年オウム真理教を描いた映画『A』を公開。続編『A2』とともに各国映画祭で高い評価を受ける。

森巣 博（もりす ひろし）

一九四八年生まれ。オーストラリア在住のジャンル横断的な異色作家。著書に『越境者たち』『非国民』『蜂起』『ナショナリズムの克服』（共著）ほか。

ご臨終《りんじゅう》メディア

二〇〇五年一〇月一九日　第一刷発行

集英社新書〇三一四B

著者……森《もり》　達也《たつや》／森巣《もりす》　博《ひろし》

発行者……山下秀樹

発行所……株式会社集英社

東京都千代田区一ツ橋二-五-一〇　郵便番号一〇一-八〇五〇

電話　〇三-三二三〇-六三九一（編集部）

〇三-三二三〇-六三九三（販売部）

〇三-三二三〇-六〇八〇（読者係）

装幀……原　研哉

印刷所……凸版印刷株式会社

製本所……加藤製本株式会社

定価はカバーに表示してあります。

ISBN 4-08-720314-X C0236

Printed in Japan

a pilot of wisdom